Teaching Material for Training of Skilled Talents in
Rail Transit Field for Lancang-Mekong Countries

■ 澜湄沿岸国家轨道交通技能人才培训教材

Approaching China High-speed Railway: A Course Book of Specialized Chinese

专业汉语之走进中国高铁

主　编　郁盛梅　钱　明
副主编　田　英　谭　青
参　编　邵　维　刘改红
　　　　李　曼

西南交通大学出版社
·成 都·

图书在版编目（CIP）数据

专业汉语之走进中国高铁 / 郁盛梅，钱明主编. —成都：西南交通大学出版社，2020.5
澜湄沿岸国家轨道交通技能人才培训教材
ISBN 978-7-5643-7427-3

Ⅰ. ①专… Ⅱ. ①郁… ②钱… Ⅲ. ①高速铁路 – 汉语 – 对外汉语教学 – 教材 Ⅳ. ①H195.4

中国版本图书馆 CIP 数据核字（2020）第 075841 号

澜湄沿岸国家轨道交通技能人才培训教材
Zhuanye Hanyu zhi Zoujin Zhongguo Gaotie

专业汉语之走进中国高铁

主编	郁盛梅　钱　明
责任编辑	李　伟
特邀编辑	马雪妹
封面设计	GT 工作室
出版发行	西南交通大学出版社 （四川省成都市金牛区二环路北一段 111 号 西南交通大学创新大厦 21 楼）
邮政编码	610031
发行部电话	028-87600564　028-87600533
网址	http://www.xnjdcbs.com
印刷	四川森林印务有限责任公司
成品尺寸	185 mm×260 mm
印张	7.75
字数	152 千
版次	2020 年 5 月第 1 版
印次	2020 年 5 月第 1 次
定价	80.00 元
书号	ISBN 978-7-5643-7427-3

审图号 GS（2017）2703 号
课件咨询电话：028-81435775
图书如有印装质量问题　本社负责退换
版权所有　盗版必究　举报电话：028-87600562

前 言

高速铁路是集当今世界先进科学技术、制造工艺、运营管理和市场营销为一体的系统工程。由于它具有速度高、运能大、能耗低、全天候、高效率等优点，大大缩短了地域间的时空距离，给旅客以安全、快速、便捷、舒适的乘车环境和周到的服务，受到世界各国政府的高度重视和民众的普遍欢迎。

贵阳职业技术学院作为一所综合类职业技术学院，外国留学生教育是学院实现"面向未来，开放发展"，走向国际化的重要工作。自2013年以来，贵阳职业技术学院每年都积极参与承办中国-东盟教育交流周活动，充分利用中国-东盟教育周平台，结合学院的轨道交通专业优势，助力中国高铁走向世界，携手建设中国-东盟命运共同体，为东盟国家培养适应现代轨道交通运输需求、能够自如运用汉语并掌握相关专业技能的复合型技能人才。

本教材是为所有具有一定汉语基础且通过汉语水平考试（HSK）4级、准备进入轨道类相关专业学习的留学生或从事轨道交通运输行业的国外企业员工准备的一门专业衔接教材或培训教材。通过对该教材的学习，学员可对中国高铁有一定的认识和了解，并习得轨道类专业学习的相关专业词汇，专业用语的听、说、读、写能力，为进一步深入学习专业知识打好语言基础，最终实现由语言学习向专业学习的过渡。同时，该教材也是一本普及中国高铁基础知识、对外宣传我国高铁事业发展的培训教材。

本教材由贵阳职业技术学院组织编写，各项目汉语编写的分工是：项目一、五、八由郁盛梅编写，项目二由邵维编写，项目三由刘改红编写，项目四由李曼编写，项目六、七由田英编写；各项目英语编写的分工是：项目一至五由钱明编写，项目六至八由谭青编写。本教材在编写过程中得到了北京语言大学有关专家的大力支持和帮助，并参考、借鉴了相关文献、书籍及资料，同时得到了贵阳职业技术学院轨道交通分院领导倪伟、王慧、罗闯、王治强的大力支持，在此一并表示感谢。

这是我们第一次编写该类型的对外汉语教材，可供参考的资料很少，加之编者水平有限，教材中难免有不当之处，诚望专家、同仁和使用者批评指正。

编 者

2019 年 11 月

目 录

项目一　中国高速铁路发展概述 ·· 1
　　第一篇　快速发展的中国高速铁路 ·· 1
　　第二篇　中国高速铁路技术经济特点 ·· 7
　　第三篇　中国高速铁路改善人民生活 ··· 12

项目二　中国高速铁路线路 ·· 16
　　第一篇　铁路线路概述 ··· 16
　　第二篇　线路平面及纵断面 ··· 20
　　第三篇　轨　　道 ··· 24

项目三　中国高速铁路车站 ·· 28
　　第一篇　高速铁路车站概述 ··· 28
　　第二篇　旅客站房和站前广场 ··· 33
　　第三篇　站　　场 ··· 37

项目四　中国高速铁路车辆 ·· 41
　　第一篇　什么是高铁列车？ ··· 41
　　第二篇　高铁列车的组成 ··· 46
　　第三篇　动车组 ··· 52

项目五　中国高速铁路牵引供电 ·· 56
　　第一篇　高速铁路电能从哪里来？ ··· 56
　　第二篇　高速动车组如何获得动能？ ··· 61
　　第三篇　高速铁路接触网 ··· 65

项目六　中国高速铁路信号与控制系统 ·· 69
　　第一篇　信号设备 ··· 69
　　第二篇　联　　锁 ··· 75
　　第三篇　CTCS-2 级列控系统 ··· 81

项目七　中国高速铁路通信系统 ··· 87
　　第一篇　通信系统的概述 ··· 87
　　第二篇　铁路通信网的组成 ··· 92
　　第三篇　GSM-R 系统 ··· 97

项目八　中国高速铁路运输组织 ··· 103
　　第一篇　庞大的高速铁路网，实现集中指挥与管理 ··························· 103
　　第二篇　高速铁路列车开行方案 ··· 108
　　第三篇　中国高铁为您服务 ··· 112

参考文献 ··· 117

项目一　中国高速铁路发展概述
Chapter 1　Introduction to CRH

第一篇　快速发展的中国高速铁路
1.1　Fast-developing CRH

一、课文
I. Text

　　国际铁路联盟（UIC）定义高速铁路为：运营速度达到 250 km/h 以上的铁路。中国把高速铁路定义为：新建设计开行速度 250 km/h（含预留）及以上动车组列车，初期运营速度不小于 200 km/h 的客运专线铁路。

　　与一些发达国家相比，中国高速铁路起步稍晚，但发展速度快、建设规模大、运输能力强，许多领域已步入世界先进行列。目前，中国是世界上高速铁路运营里程最长、在建规模最大的国家。

　　近年来，按照国家中长期铁路网规划和铁路"十三五"发展规划，为满足快速增长的客运需求，优化拓展区域发展空间，在"四纵四横"高速铁路的基础上，增加客流支撑、标准适宜、发展需要的高速铁路，部分利用时速 200 km/h 的铁路，形成以"八纵八横"主通道为骨架、区域连接线衔接、城际铁路补充的高速铁路网，实现省会城市高速铁路通达、区际之间高效便捷相连（见图 1.1.1）。

　　到 2020 年，中国铁路营业里程将达到 15 万千米，其中高速铁路 3 万千米，复线率和电气化率分别达到 60% 和 70% 左右，基本形成布局合理、覆盖广泛、层次分明、安全高效的铁路网络。全国铁路网基本覆盖城区常住人口 20 万以上城市，高速铁路网覆盖 80% 以上的大城市。

　　到 2025 年，中国铁路网规模达到 17.5 万千米左右，其中高速铁路 3.8 万千米左右，

网络覆盖进一步扩大，路网结构更加优化，骨干作用更加显著，更好地发挥铁路对经济社会发展的保障作用。

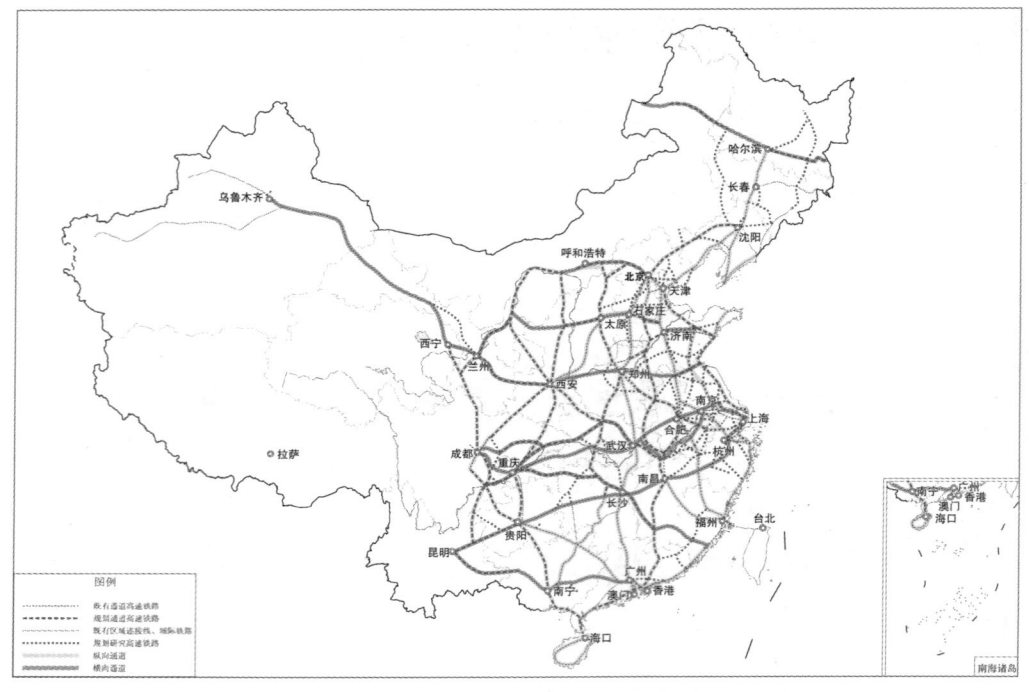

图 1.1.1　中长期高速铁路网规划图

展望 2030 年，中国铁路网运营里程将达到 20 万千米左右，其中高速铁路 4.5 万千米左右，基本实现内外互联互通、区际多路畅通、省会高铁连通、地市快速通达、县域基本覆盖，形成以特大城市为中心覆盖全国、以省会城市为支点覆盖周边的高速铁路网，实现相邻大中城市间 1～4 h 交通圈，城市群内 0.5～2 h 交通圈，提供安全可靠、优质高效、舒适便捷的旅客运输服务。

二、生词

II. New Words and Expressions

铁路	tiě lù	railway
高速	gāo sù	high speed
运营	yùn yíng	operation
开行	kāi xíng	running
动车组	dòng chē zǔ	Electric Multiple Units（EMUs）

客运	kè yùn	passenger traffic
专线	zhuān xiàn	special railway line
中长期	zhōng cháng qī	mid-long term
复线率	fù xiàn lǜ	double-tracking railways rate
电气化	diàn qì huà	electrification
路网	lù wǎng	railway network
交通圈	jiāo tōng quān	traffic circle

三、语法
III. Grammar

"把"字的用法：

（1）动词：用作，当作，含"拿"的意思。use sth. as，regard sth. as.

例：把这当一回事。Take [regard] the matter seriously.

（2）介词：

① 宾语是后面动词的承受者，意思和"将"一样。

例：把门关上。Close the door.

② 后面的动词是"忙、累、急、气"等加上表示结果的补语，有"致使"之意。

例：这一趟可真把他累坏了。That trip really tired him out.

四、练习
IV. Exercises

（一）词语练习
i. Vocabulary

铁路　高速　运营　开行　动车组　客运　专线　中长期　复线率　电气化
路网　交通圈

（二）复述课文
ii. Fill in the Blanks of the Text

① 中国把高速铁路定义为：_____。

② 中国高速铁路发展特点：_____。

③ 中国铁路发展将形成以_____主通道为骨架、区域连接线衔接、城际铁路补充的高速铁路网，实现省会城市高速铁路通达、区际之间高效便捷相连。

④ 到 2020 年，中国铁路营业里程将达到_____，其中高速铁路_____。

⑤ 到 2025 年，中国铁路网规模达到_____左右，其中高速铁路_____左右。

⑥ 到 2030 年，中国铁路网运营里程将达到_____左右，其中高速铁路_____左右。

（三）阅读理解
iii. Reading Comprehension

简述中国高铁发展的意义。

五、拓展阅读
V. Further Reading

2016 年 7 月，国家《中长期铁路网规划》发布，在"四纵四横"的基础上打造"八纵八横"，随着"八纵八横"高铁网建设的推进，中国高铁将迎来发展的新时代。

（1）"八纵"通道（见图 1.1.2）。

沿海通道：连接东部沿海地区，贯通京津冀、辽中南、山东半岛、东陇海、长三角、海峡西岸、珠三角、北部湾等城市群。

京沪通道：连接华北、华东地区，贯通京津冀、长三角等城市群。

京港（台）通道：连接华北、华中、华东、华南地区，贯通京津冀、长江中游、海峡西岸、珠三角等城市群。

京哈、京港澳通道：连接东北、华北、华中、华南、港澳地区，贯通哈长、辽中南、京津冀、中原、长江中游、珠三角等城市群。

呼南通道：连接华北、中原、华中、华南地区，贯通呼包鄂榆、山西中部、中原、长江中游、北部湾等城市群。

京昆通道：连接华北、西北、西南地区，贯通京津冀、太原、关中平原、成渝、滇中等城市群。

包（银）海通道：连接西北、西南、华南地区，贯通呼包鄂、宁夏沿黄、关中平原、成渝、黔中、北部湾等城市群。

兰（西）广通道：连接西北、西南、华南地区，贯通兰西、成渝、黔中、珠三角等城市群。

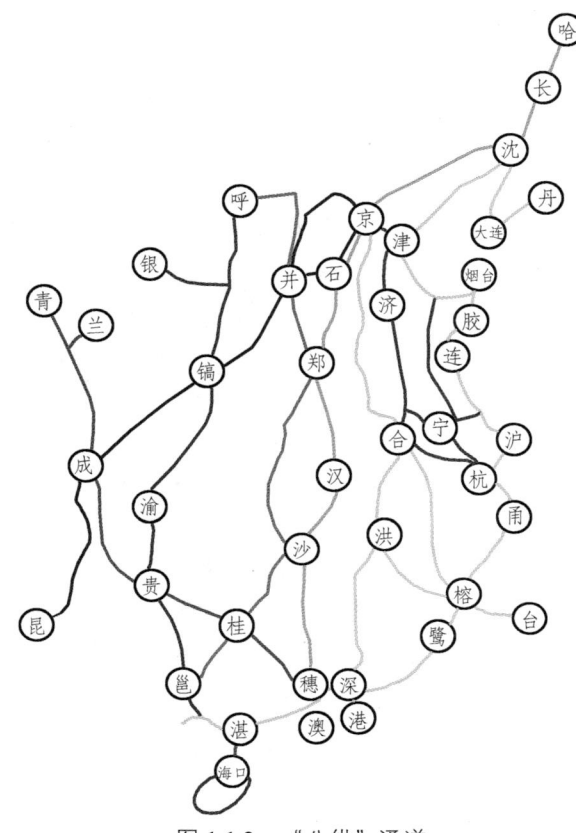

图 1.1.2　"八纵"通道

（2）"八横"通道（见图 1.1.3）。

绥满通道：连接黑龙江及蒙东地区。

京兰通道：连接华北、西北地区，贯通京津冀、呼包鄂、宁夏沿黄、兰西等城市群。

青银通道：连接华东、华北、西北地区，贯通山东半岛、京津冀、太原、宁夏沿黄等城市群。

陆桥通道：连接华东、华中、西北地区，贯通东陇海、中原、关中平原、兰西、天山北坡等城市群。

沿江通道：连接华东、华中、西南地区，贯通长三角、长江中游、成渝等城市群。

沪昆通道：连接华东、华中、西南地区，贯通长三角、长江中游、黔中、滇中等城市群。

厦渝通道：连接海峡西岸、中南、西南地区，贯通海峡西岸、长江中游、成渝等城市群。

广昆通道：连接华南、西南地区，贯通珠三角、北部湾、滇中等城市群。

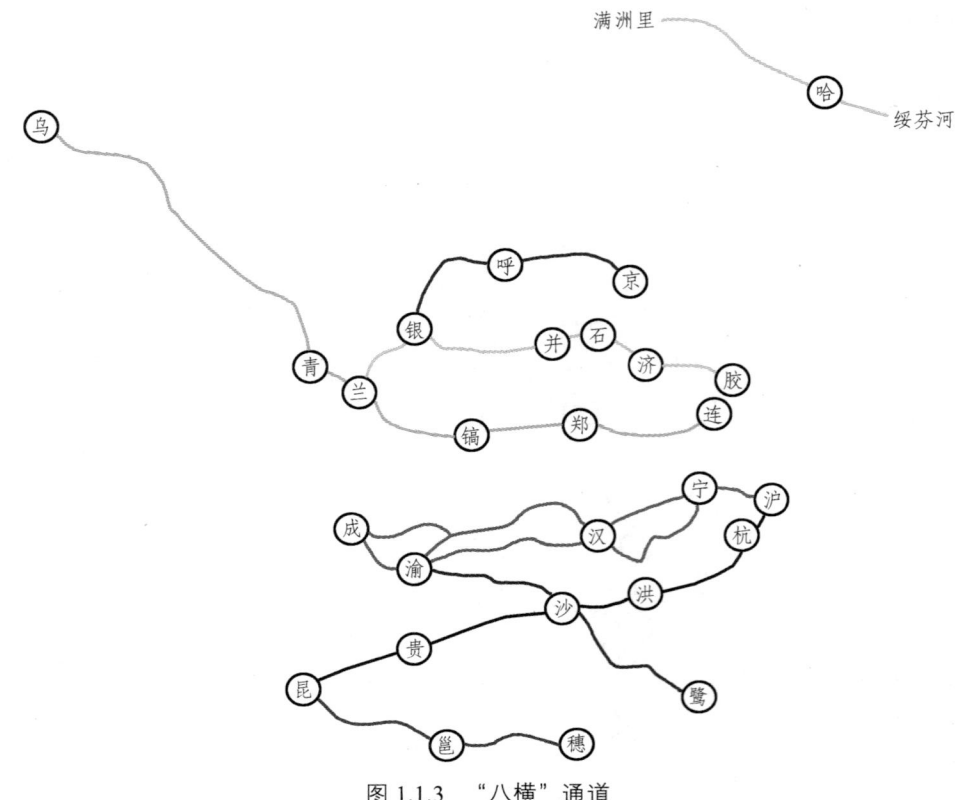

图 1.1.3　"八横"通道

第二篇　中国高速铁路技术经济特点
1.2　Economic Features of CRH Technology

一、课文
I. Text

高速铁路是当今时代高新技术的集成，是铁路现代化和人类文明结晶的标志，反映了一个国家的综合国力。经过多年的建设和运营管理实践，中国高速铁路以下技术经济特点日益凸显。

1. 平稳舒适

中国高速铁路自主创新的钢轨、无缝线路、无砟轨道和高速道岔等技术，从线路基础上保证了高速铁路运行的高平顺性；同时，中国高速动车组采用了减振性能良好的高速转向架，车厢内振动小、噪声低。车内采用的是舒适的软座椅，车窗大、采光好、视野开阔。全自动恒温空调系统能够为旅客提供适宜的车内环境温度、湿度和清新空气。动车组车厢内设有轮椅存放区、婴儿护理桌、残障人卫生间等，以满足不同旅客的需要，让旅客乘坐平稳舒适。

2. 安全可靠

中国高速铁路建设了稳固耐久的路基、桥梁、隧道等线路基础设施，建立了性能可靠的牵引供电、通信信号等控制系统，制造了安全可靠的高速列车。经过多年的运营实践，形成了基础设施、移动装备、综合检测、防灾减灾、应急救援为一体的安全风险管理体系，确保了高速列车的安全运行。

3. 运能充足

中国高速铁路日常投入运营的动车组有8辆和16辆两种固定编组。在客流高峰期，为了满足大运量的旅客运输要求，还开行将两列8辆动车组重联在一起的重联动车组，使高速铁路具有强大的旅客运输能力。同时，针对不同情况，中国高速铁路采用高密度、公交化的开行方式，列车在区间的最小追踪间隔可达3分钟，极大方便了旅客出行。

4. 节能环保

在线路设计时，在有条件、可实施地段采用了占地少的架桥修建高速铁路的方案，

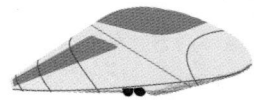

充分利用既有交通廊道，减少对城市分割和土地占用；同时，对沿线自然保护区、风景名胜区、水源保护区等，高铁线路尽量绕避，保护生态环境。高速铁路采用电力牵引，基本消除了油烟、粉尘和其他废气对环境的影响。

高速动车组均采用密闭式集便装置，卫生间污物收集到集便装置污物箱中，到车站或动车段（所）后，利用地面卸污装置集中收集处理。这样既方便了旅客，又保护了铁路沿线环境。

5. 适用性强

中国高速铁路能够适应不同环境和运输需求。中国高速动车组分为两个速度等级，座车设有一等、二等、商务等车厢，还有用于长途旅行的卧铺动车组。而且，中国的高速动车组能够适应气温最低-40 ℃、最高+40 ℃，以及各种复杂的气候环境。

6. 方便快捷

中国高速铁路按照"零距离换乘"理念，通过精心合理的场、站布局，打造现代化客运枢纽和旅客中转换乘中心，使高速铁路客站与城市公交系统甚至机场融为一体，方便旅客在站内顺畅换乘地铁、轻轨、公共汽车等交通工具。

二、生词
II. New Words and Expressions

钢轨	gāng guǐ	steel rail
无缝线路	wú fèng xiàn lù	continuous welded railways（CWR）
无砟轨道	wú zhǎ guǐ dào	ballastless track
道岔	dào chà	turnout
转向架	zhuǎn xiàng jià	bogie
路基	lù jī	subgrade/railway bed
桥梁	qiáo liáng	bridge
隧道	suì dào	tunnel
牵引	qiān yǐn	draw
供电	gōng diàn	power supply
通信	tōng xìn	signal communication
信号	xìn hào	signal
编组	biān zǔ	marshalling

重联	chóng lián	couple or connect
密度	mì dù	density（here refers to high-grid density）
公交	gōng jiāo	public transit
追踪	zhuī zōng	track
集便装置	jí biàn zhuāng zhì	dejecta collecting device
换乘	huàn chéng	transfer
地铁	dì tiě	subway
轻轨	qīng guǐ	light rail

三、语法
III. Grammar

"通过"的用法：

① 从一端到另一端。pass through，get past，traverse.

例：代表们通过大厅进入会场。The delegates entered the assembly hall by way of the lobby.

② 以人、事物等为媒介。by means of.

例：通过协商取得一致。Reach unanimity through consultation.

四、练习
IV. Exercises

（一）词语练习
 i . Vocabulary

钢轨　无缝线路　无砟轨道　道岔　转向架　路基　桥梁　隧道　牵引　供电　通信　信号　编组　重联　密度　公交　追踪　集便装置　换乘　地铁　轻轨

（二）复述课文
 ii. Fill in the Blanks of the Text

① 中国高速铁路技术经济特点有：_____。

② 中国高速铁路日常投入运营的动车组有_____和_____两种固定编组。

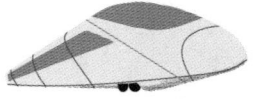

③ 中国高速铁路采用高密度、公交化的开行方式，列车在区间的最小追踪间隔可达_____，极大方便了旅客出行。

④ 中国高速动车组分为_____速度等级，座车设有_____等车厢，还有用于长途旅行的卧铺动车组。

⑤ 中国的高速动车组能够适应气温_____，以及各种复杂的气候环境。

⑥ 中国高速铁路按照_____理念，通过精心合理的场、站布局，打造现代化客运枢纽和旅客中转换乘中心。

（三）阅读理解
iii. Reading Comprehension

① 中国高铁为什么乘坐平稳舒适？
② 中国高铁为什么乘坐安全可靠？
③ 中国高铁为什么乘坐节能环保？

五、拓展阅读
V. Further Reading

中国高铁技术的适应性全球第一。为什么？因为中国幅员辽阔，日本、德国和法国都不具备这样的"先天条件"。

在寒带比如东北地区，在亚热带比如海南，在喀斯特地貌的西南，在黄土高原，在长三角这样的软土地区，甚至在沙漠中国都有成功建设和运营高铁的经验和技术。所以，中国高铁既适用于东南亚，也适用于俄罗斯。其他国家还不具备这种条件，也没有这方面的经验，这是中国"大国优势"促进技术创新的一个生动案例。

此外，中国高铁速度和整体配套也居于领先地位。中国第一条高铁在2008年北京奥运会开幕前一周开通，从天津到北京只需要29分钟，列车最快速度为350 km/h。此后，中国高铁发展日新月异，中国高铁综合试运营速度不断刷新世界纪录。和谐号CHR380A和CRH380BL在京沪高铁线上试运行时就分别创造了486.1 km/h和487.3 km/h的纪录，实验室轮轨试验速度达到605 km/h。中国高铁足以与世界高铁最快纪录的法国TGV及日本新干线比肩，已走在世界高铁速度的前列。

中国拥有全球最为庞大和完整的产业供应链，配套产业涵盖设计研发、试验、生产和运营维护等环节。这与一系列世界性的成就相辅相成：世界上单线运营里程最长的

高速铁路——京广线；世界上等级最高的高铁——京沪高铁；创造性地建成了世界最北的高寒高铁——哈大线；世界上一次性建成里程最长、跨越海拔间距最大的高铁——兰新高铁；世界上运行最为繁忙的三条高铁……。中国每天开行动车组 4000 列，上万套设备不间断运行，年发旅客量 10 亿人次。中国高铁运车组奔驰在大漠戈壁、草原风沙、崇山峻岭、松软湿地以及高盐临海等复杂的地质环境中，经受 ±40 ℃ 的温度考验，穿越几个气候带和多样地质层。中国高铁长期保持高强度、大密度的运营，积累了丰富的运营维护经验，构建了中国高铁运营大数据，中国高铁已经走在了世界前列（见图 1.2.1 和图 1.2.2）。

图 1.2.1　严寒中的中国高铁

图 1.2.2　沙漠中的中国高铁

第三篇　中国高速铁路改善人民生活
1.3　CRH is Improving People's Life

一、课文
I. Text

到 2017 年年底，中国高速铁路"四纵四横"的主骨架形成。全国铁路营业里程达到 12.7 万千米，其中高铁 2.5 万千米，我国建成了世界上最具现代化的铁路网和最发达的高铁网，这些正在改变着人民的出行方式，助推着中国经济不断发展。

1. 高铁带动铁路客运量持续增长

中国高速铁路具有安全可靠、方便快捷、运力强大、全天候运输等优势，能够适应人们的商务、旅游、探亲出行需求。中国高铁日均开行动车组 4 000 列，发送旅客 460 万人左右，安全运行里程超过 50.5 亿千米。2018 年春运，动车组列车每天开行数量达 5 600 余列，占总开行列车 8 600 余列的 65%；动车组日均发送旅客达 500 余万人，临时客车中，动车组担当的临客比例由上一年的 36% 升至 43%。

2. 高铁拉近了城市间的距离

高铁采取公交化的开行模式，车次多、间隔短，旅客从购票、进站到乘车、出站各个环节越来越方便，实现随到随走，出行时间的缩短导致了地理位置的"缩短"，相邻城市间"同城效应"进一步凸显。京津城际铁路通车后，将北京、天津两大城市的时空距离缩短在 30 分钟内。这种"同城效应"在沪宁、广珠、长吉、昌九、沪杭、宁杭、杭甬、郑焦等高铁沿线相继形成。京广高铁通车后，这一公交化、快速化、大能力的"黄金通道"使北京至广州 2 298 千米的距离只需 8 小时便可到达，跨区域间的"同城化"时代基本来临。

3. 高铁催生出全新的生活理念

高铁不仅是一种交通出行工具，也在改变着人们的工作、居住、旅游、养老等传统观念，催生出全新的生活理念，使异地置业、异地消费、异地工作成为可能。京沪高铁开通运营后，上海到南京只需 1 个多小时。在上海上班、南京安家成为一部分人的选择。昆山是位于江苏省东南部的一个县级市，京沪高铁使它与上海这座大都市的时间距离缩短至 16 分钟。昆山已成为上海的"后花园"，越来越多的上海人在昆山居住。

4. 高铁助推社会经济发展

　　铁路建设项目具有投资面广、产业链长、见效快等特点，远期更是社会经济发展的重要支柱。加快铁路建设，不仅提升了社会整体交通运输水平，降低了物流成本，而且改善了人们的生活质量，同时也极大地加快了贫困人口的脱贫步伐，促进了沿线地区的城镇化进程。同时，铁路建设，一方面加快了国土资源开发，增加钢材、水泥和机械设备等的有效需求，以消化过剩产能，增加劳动就业；另一方面积极推进铁路建设，可以拉动投资增长，有效应对经济下行压力，促进区域协调发展，对保持经济高速增长具有重要意义。

二、生词
II. New Words and Expressions

客运量	kè yùn liàng	passenger capacity
发送	fā sòng	send（passenger flow）
旅客	lǚ kè	passenger
春运	chūn yùn	Spring Festival Travel Rush
购票	gòu piào	buy tickets
进站	jìn zhàn	go in station/way in
乘车	chéng chē	take the train
出站	chū zhàn	go out of the station/way out
城际铁路	chéng jì tiě lù	intercity railway

三、语法
III. Grammar

　　"使……成为可能"的用法：make possible.
　　例：现代交通工具使得在几周内周游世界成为可能。
　　Modern transportation facilities make possible traveling throughout the world in a few weeks.

四、练习
IV. Exercises

（一）词语练习
 i. Vocabulary

　　客运量　发送　旅客　春运　购票　进站　乘车　出站　城际铁路

（二）复述课文
ii. Fill in the Blanks of the Text

　　① 到2017年年底，中国高速铁路＿＿＿＿＿＿＿＿的主骨架形成。全国铁路营业里程达到＿＿＿＿＿＿，其中高铁＿＿＿＿＿＿＿。

　　② 中国高速铁路具有＿＿＿＿＿＿＿＿＿＿等优势，能够适应人们的出行需求。

　　③ 高铁采取＿＿＿＿＿＿的开行模式，＿＿＿＿＿＿＿＿，旅客从购票、进站到乘车、出站各个环节越来越方便，实现随到随走，出行时间的缩短导致了地理位置的＿＿＿＿＿＿＿，相邻城市间＿＿＿＿＿＿＿＿＿进一步凸显。

　　④ 高铁不仅是一种交通出行工具，也在改变着人们的＿＿＿＿＿＿＿＿＿等传统观念，催生出全新的生活理念，使＿＿＿＿＿＿＿＿＿＿＿＿＿成为可能。

（三）阅读理解
iii. Reading Comprehension

　　① 发展高铁有哪些好处？
　　② 铁路建设项目有哪些特点？
　　③ 铁路建设项目有什么意义？

五、拓展阅读
V. Further Reading

　　中国高铁近年迅猛发展，经历了"制造"到"智造"再到"创造"的发展历程，技术水平不断革新，产品不断升级优化，不仅在中国国内深得民心，成为广大旅客出行的首选，而且中国先进的高铁技术也逐步被世界认可，成为一张闪亮的国家名片。

　　与此同时，中国高铁搭乘"一带一路"倡议的快车，在世界各国生根发芽，从2009

年中国高铁"走出去"理念提出，初步设定三大发展方向：通过俄罗斯进入欧洲的欧亚高铁；从乌鲁木齐出发，经过中亚最终到达德国的中亚线；从昆明出发连接东南亚国家，达到新加坡的泛亚铁路网（见图 1.3.1）。

图 1.3.1　泛亚高铁中线示意

2015 年 10 月，中印尼合资公司组建协议签署，合作建设和运营雅万高铁，该条高铁是东南亚的首条高铁，采用中国技术、中国标准和中国装备，成为中国高铁全产业链"走出去"第一单。同时，中泰铁路合作项目就是中国高铁"走出去"的完美例证，穿越泰国东北部地区的铁路建设，不仅加速了旅客的出行速度，同时也将连接泰国东部经济走廊的核心——泰国廉差邦港和玛达普港口，这两个港口分别是泰国主要的货物出口港和工业港口，这无疑表明外国对中国高铁技术的绝对信任。不仅如此，早期欧洲的塞匈铁路项目、非洲肯尼亚的蒙内铁路、中东的土耳其安卡拉至伊斯坦布尔高铁建设、亚洲的中老铁路等项目，早已看到中国铁路的身影……中国铁路飞跃山川和大洋，快步走向全世界。

中国高铁作为"一带一路"倡议的重要组成部分，担负的国际责任越来越重，中国铁路将伴随国家发展战略，将中国速度带往全世界，促进地区互联互通，实现国家的共同发展。

项目二　中国高速铁路线路
Chapter 2　Lines of CRH

第一篇　铁路线路概述
2.1　Introduction to Railway Lines

一、课文
I. Text

铁路线路是铁路机车车辆及列车运行的基础(见图 2.1.1)。它不仅要支撑机车车辆，而且要引导机车车辆运行，同时在现代化的铁路上还起传导电流的作用。

图 2.1.1　铁路线路

铁路线路包括路基、桥隧建筑物和轨道。在修建铁路线路时，通常是先修路基和桥隧建筑物，在路基与桥隧建筑物修建完成后再铺设轨道。因此，我们将路基和桥隧建筑物称为铁路线路的下部建筑，将轨道称为铁路线路的上部建筑。

铁路线路的种类从不同的角度可以有不同的分类,常用的有下面3种分类方式。

① 铁路线路按轨距分为标准轨距线路、宽轨距线路和窄轨距线路。

世界上大多数国家铁路所采用的轨距为标准轨距,其尺寸为 1 435 mm。大于 1 435 mm 的铁路轨距称为宽轨距,如以俄罗斯为主的一些东欧国家采用的轨距为 1 524 mm,以西班牙和南美为主的一些国家采用的轨距为 1 600 mm。小于 1 435 mm 的铁路轨距称为窄轨距,如南非、印度及东南亚一些国家采用的铁路轨距为 1 067 mm、1 000 mm 和 672 mm。

② 铁路线路按行车速度分为普速铁路线路、快速铁路线路、准高速铁路线路和高速铁路线路等。普速铁路线路是设计速度小于 200 km/h 的铁路线路;快速铁路线路是设计速度为 160~200 km/h 的铁路线路;准高速铁路线路是设计速度为 200~250 km/h 的高速铁路线路;高速铁路线路是设计速度为 300 km/h 及以上的高速铁路线路。目前,我国将既有提速改造线路速度达到 200 km/h 及以上的铁路线路和新建铁路速度达到 250 km/h 及以上的铁路线路称为高速铁路。

③ 根据铁路主要担任的运输任务,我国铁路又分为客运专线、货运专线和客货共线。主要承担旅客运输任务的铁路线路叫作客运专线,如城际铁路、高速铁路等。主要承担货物运输任务的铁路线路叫作货运专线,如大秦线。既运行旅客列车又运行货物列车的线路叫作客货共线。目前,我国大多数铁路线路都属于客货共线。客货分线是铁路线路发展的方向。旅客列车要求快速与舒适,而货物列车则出要求运量大。

二、生词
II. New Words and Expressions

铁路线路	tiě lù xiàn lù	railway lines
桥隧建筑物	qiáo suì jiàn zhù wù	bridges and tunnels building
轨道	guǐ dào	track
轨距	guǐ jù	track gauge
标准轨距	biāo zhǔn guǐ jù	track gauge standard
宽轨距	kuān guǐ jù	wide track gauge
窄轨距	zhǎi guǐ jù	narrow track gauge
客运专线	kè yùn zhuān xiàn	passenger dedicated line (PDL)
客货运共线	kè huò yùn gòng xiàn	passenger and freight joint line
既有线	jì yǒu xiàn	existing line

货运专线　　huò yùn zhuān xiàn　　freight dedicated line
高速铁路　　gāo sù tiě lù　　　　high-speed railway
城际铁路　　chéng jì tiě lù　　　Inter-city railway

三、语法
III. Grammar

"不仅……而且……"的用法：
表示递进关系的关联词语。not only...but also...
例：他不仅会唱歌，而且还会跳舞。
He can not only sing but also dance as well.

四、练习
IV. Exercises

（一）词语练习
i. Vocabulary

　　铁路线路　桥隧建筑物　轨道　轨距　标准轨距　宽轨距　窄轨距
　　客运专线　客货运共线　既有线　货运专线　高速铁路　城际铁路

（二）复述课文
ii. Fill in the Blanks of the Text

① _____是铁路机车车辆及列车运行的基础。
② 铁路线路的组成包括_____、_____和_____。
③ 铁路线路按轨距分为_____、_____和_____。
④ 铁路线路按行车速度分为_____、_____、_____和_____等。
⑤ 根据铁路主要担任的运输任务，我国铁路分为_____、_____和_____。

（三）阅读理解
iii. Reading Comprehension

① 铁路线路的标准轨距是（　　）。
　　A. 1 435 mm　　B. 1 600 mm　　C. 1 524 mm　　D. 1 067 mm

② 什么是高速铁路？
③ 什么是客运专线？

五、拓展阅读
V. Further Reading

铁路等级

铁路等级是区分铁路在国家铁路网中的作用、意义和远期客货运量大小的标志，是确定铁路技术标准和设备类型的依据。中国《铁路线路设计规范》（GB 50090—2006）规定：新建铁路和改建铁路（或区段）的等级，应根据它们在铁路网中的作用、性质和远期的客货运量确定。中国铁路建设标准共划分为 4 个等级，即Ⅰ级、Ⅱ级、Ⅲ级和Ⅳ级。具体划分条件如下所示：

① Ⅰ级铁路：铁路网中起骨干作用的铁路，或近期年客货运量≥20 Mt 者。

② Ⅱ级铁路：铁路网中起骨干作用的铁路，远期年客货运量<20 Mt 者，或铁路网中起联络、辅助作用的铁路，远期年客货运量≥10 Mt 者。

③ Ⅲ级铁路：为某一地区或企业服务的铁路，近期年客货运量<10 Mt 且≥5 Mt 者。

④ Ⅳ级铁路：为某一地区或企业服务的铁路，近期年客货运量<5 Mt 者。

注：年客货运量为重车方向的货运量与由客车对数折算的货运量之和。1 对/天旅客列车按 1.0 Mt 年货运量折算。

设计线铁路等级的确定对铁路工程投资、输送能力、经济效益有直接影响。等级定高了，造成建筑物标准过高，能力过剩，投资过早，积压资金；等级定低了，满足不了运量增长的要求，造成过早改建。故设计铁路线路等级应慎重确定。铁路的等级可以全线一致，也可以按区段确定。线路较长，经行地区的自然、经济条件及运量差别很大时，也可按区段确定等级。但应避免同一条线上等级过多或同一等级的区段长度过短，使线路技术标准频繁变更。

第二篇　线路平面及纵断面
2.2　The Plane and Vertical Section of Railway Lines

一、课文
I. Text

铁路线路在空间的位置是用它的线路中心线来表示的。线路中心线是指距外轨半个轨距的铅垂线（AB）与两路肩边缘水平连线（CD）交点 O 的纵向连线，如图 2.2.1 所示。

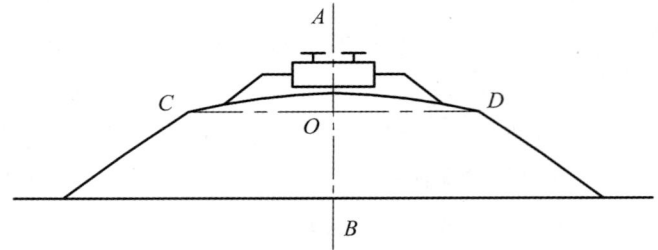

图 2.2.1　线路中心线示意

线路中心线在水平面上的投影叫作线路平面，它表明线路的曲直变化与走向；线路中心线纵向展直后在铅垂面上的投影叫作线路纵断面，它表明线路的起伏变化。线路的平面和纵断面不但确定了线路在空间的位置，同时也为路基、桥隧建筑物及站场等其他设备的设置提供了依据，也对铁路通过能力及输送能力的大小有直接的影响。

从铁路运营角度考虑，铁路线路最好是既平又直，这样可提高列车的运行速度、增大牵引质量、节省运营费用、提高运输能力。但由于地形、地物和地质条件的限制，若将线路设计成既平又直，势必会增大工程量，从而大大提高造价。

1. 线路平面

线路平面的组成包括直线与曲线，其曲线又由圆曲线和缓和曲线组成，如图 2.2.2 所示。

铁路线路在转向处所设的曲线应为圆曲线，在设计线路平面时，通常应根据具体条件尽可能选用较大的曲线半径，以得到较好的列车运行条件和较大的通过能力。

为保证列车由直线进入圆曲线或由圆曲线进入直线安全、顺畅、平稳，线路应平顺地由直线过渡到圆曲线或由圆曲线过渡到直线，以避免离心力的突然产生或消失。因此，需要在直线和圆曲线之间设置一个曲率变化的曲线，这个曲线就是圆曲线。

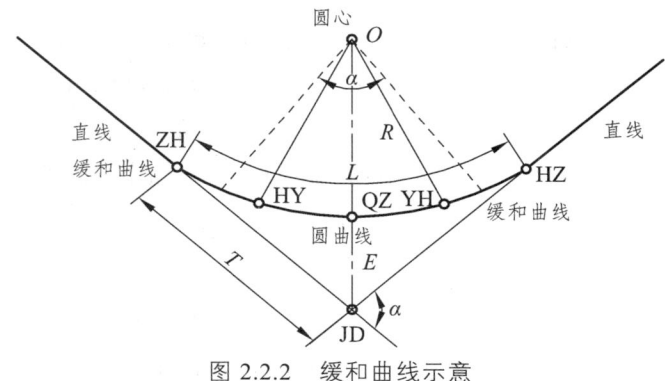

图 2.2.2 缓和曲线示意

2. 线路纵断面

线路纵断面由平道、坡道和设于变坡点处的竖曲线组成。

坡度是一段坡道的两端点的高差与水平距离之比。铁路线路根据地形的变化，可分为上坡、下坡和平道。上、下坡是按列车运行方向来区分的，通常用"+"号来表示上坡，"-"号来表示下坡。

线路纵断面上坡度的变化点叫作变坡点；相邻两边坡点间的距离叫作坡道长度。车辆经过变坡点时，将产生振动和竖向加速度，从而引起乘客的不舒适；同时由于坡度变化，车辆在经过凹凸地点时，使得相邻车辆同时处在不同的坡道上，两车车钩可能发生断钩、脱钩等事故。

为保证列车运行平稳，防止脱钩、断钩，当相邻坡道的坡度超过一定数值，就应在相邻坡段用一段圆顺曲线连接，使列车顺利地由一个坡道过渡到另一个坡道段，这个在纵断面变坡点处所设置的曲线就叫作竖曲线。

线路平面和纵断面直接影响铁路的运输能力，是决定行车速度和机车牵引定数的重要因素之一。因此，线路平面和纵断面应经常保持原有的标准状态。但是，经过较长时间的使用，因受列车运行的强大压力和冲击，以及风沙、雨水等自然灾害的侵袭，其线路状态可能会局部变动。为防止改变原有线路技术标准状态，遇改建（改造）区间线路必须变动平面或纵断面时，须经铁路局批准，但曲线半径不得小于该区间规定的最小半径，坡度不得大于该区间的最大限制坡度。线路平面及纵断面有变动时，必须及时通知有关单位，使各部门都了解变动后的线路状态，以确保行车安全。

二、生词
II. New Words and Expressions

线路中心线　　　xiàn lù zhōng xīn xiàn　　　center line of track

线路平面	xiàn lù píng miàn	track plane
曲直变化	qū zhí biàn huà	curve and straight change
走向	zǒu xiàng	line trend
线路纵断面	xiàn lù zòng duàn miàn	track vertical section
直线	zhí xiàn	straight line
曲线	qū xiàn	curve
缓和曲线	huǎn hé qū xiàn	transition curve
曲线半径	qū xiàn bàn jìng	curve radius
离心力	lí xīn lì	centrifugal force
曲率	qū lǜ	curvature
平道	píng dào	flat road
坡道	pō dào	hills road
竖曲线	shù qū xiàn	vertical curve
变坡点	biàn pō diǎn	change to hills point

三、语法
III. Grammar

"从而"的用法：表示结果或进一步的行动；用于后一小句开头，沿用前一小句的主语。

Thus.

农业迅速发展，从而为轻工业提供了充足的原料。

Agriculture has developed rapidly, thus providing light industry with ample raw materials.

四、练习
IV. Exercises

（一）词语练习

I. Vocabulary

线路中心线　线路平面　曲直变化　走向　线路纵断面　直线　曲线
缓和曲线　曲线半径　离心力　曲率　平道　坡道　竖曲线　变坡点

（二）复述课文
ii. Fill in the Blanks of the Text

① 线路中心线在水平面上的投影叫作_____，它表明线路的曲直变化与走向。

② 线路中心线纵向展直后在铅垂面上的投影叫作_____，它表明线路的起伏变化。

③ 线路平面的组成包括_____与_____，其_____又由_____和缓和曲线组成。

④ 线路纵断面由_____、_____和设于变坡点处的竖曲线组成。

⑤ _____是一段坡道的两端点的高差与水平距离之比。

（三）阅读理解
iii. Reading Comprehension

① 线路纵断面上坡度的变化点叫作（　　）。
   A. 竖曲线　　　　B. 坡道　　　　C. 变坡点

② 什么是竖曲线？

五、拓展阅读
V. Further Reading

铁路线路的曲线半径和坡度

　　铁路区间线路的最小曲线半径的大小和路段设计行车速度成正比，路段设计行车速度越大，最小曲线半径要求越大。相同设计速度下的有砟轨道的最小曲线半径要求大于无砟轨道，最大曲线半径为 12 000 m。限速地段曲线半径应符合有关设计规范的规定。

　　区间正线的最大坡度不宜大于 20‰，困难条件下经技术经济比较后不应大于 30‰。动车组走行线最大的坡度不宜大于 30‰，困难条件下不应大于 35‰。当动车组走行线的最大坡度大于 30‰ 时，宜铺设无砟轨道。

　　中间站、越行站应设在直线上。始发站宜设在直线上，困难条件下设在曲线上时，曲线半径不应小于相应路段设计速度的最小曲线半径。

　　到发线有效长度范围应设在平道上，当设在坡道上时应不大于 1‰，越行站可设在不大于 6‰ 的坡道上。车站咽喉区的正线坡度宜与到发线有效长度范围内坡道一致；困难条件下，始发终到站不宜大于 2.5‰，中间站不宜大于 6‰。到发线有效长度范围内应采用一个坡段。

第三篇 轨 道
2.3 Track

一、课文
I. Text

轨道是铁路线路的上部建筑，是一个整体的工程结构，是在路基与桥隧建筑物修建完成后铺设的。它的作用在于引导列车运行，并将列车的质量及列车运行所产生的冲击力进行逐级向下传递至路基或桥隧建筑。

轨道由钢轨（rail）、轨枕（sleeper）、道床（track bed）、连接零件、轨道加强设备及道岔等组成，是列车行驶的基础，如图 2.3.1 所示。

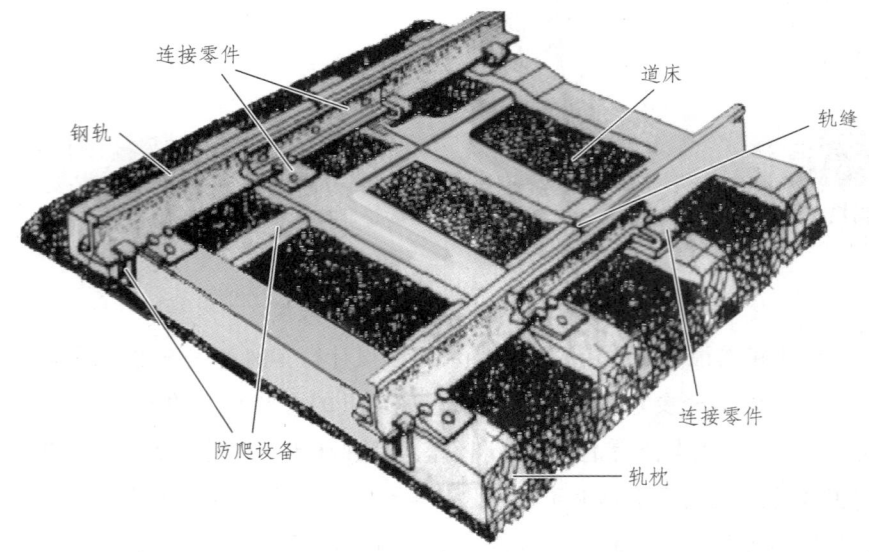

图 2.3.1　轨道组成示意

钢轨是直接支撑机车车辆轮对并引导车轮运行的主要轨道部件。钢轨一方面要承受机车车辆的重力及列车运行过程中所产生的冲击力，并将其传递给轨枕；另一方面要引导车轮运行，实现对机车车辆或列车运行方向的控制。

轨枕的作用是承受钢轨传来的作用力，并将其传递至道床，使之有效地保持钢轨和钢轨之间的距离。因此，轨枕应具有一定的坚固性、弹性和耐久性。

道床是指铺设在路基顶面上的道砟层。它的主要作用就是支撑轨枕，并均匀地传递轨枕压力至路基上；保持轨枕位置；排除地面雨水；使轨道具有足够的弹性，减缓列车的冲击振动。

连接零件有接头连接零件和中间连接零件两种。接头连接零件是用来把钢轨和钢轨连接起来，使钢轨结构部分具有钢轨一样的整体性，以抵抗弯曲和移位。为满足钢轨热胀冷缩的要求，在两钢轨进行连接时需预留一定的缝隙，这一缝隙叫作轨缝。中间连接零件又称为轨枕扣件，它的主要作用是将钢轨固定在轨枕上，并保持其稳固位置，防止钢轨纵向或横向移动。

轨道加强设备主要是轨距杆与轨撑、防爬器与防爬撑。轨距杆与轨撑是保持轨距的设备，多用于曲线地段。列车在曲线区段运行时，钢轨在很大的横向作用力下横移导致轨距扩大，影响行车安全，故设轨距杆来保持曲线轨道的稳定性。

防爬器和防爬撑为防爬设备。列车运行时，车轮作用于钢轨上产生纵向水平推力，能引起钢轨的纵向移动，有时甚至带动轨枕沿着线路方向一起移动，这种现象称为轨道的爬行。

在铁路线路上，实现线路间的相互连接或交叉的设备总称为道岔。它的作用是引导机车车辆由一条铁路线路转入或越过另一条铁路线路。

二、生词
II. New Words and Expressions

钢轨	gāng guǐ	rail
轨枕	guǐ zhěn	sleeper
道床	dào chuáng	track bed
连接零件	lián jiē líng jiàn	connection parts
道岔	dào chà	turnout
道砟	dào zhǎ	ballast layer
接头连接零件	jiē tóu lián jiē líng jiàn	joint connection parts
中间连接零件	zhōng jiān lián jiē líng jiàn	intermediate connection parts
轨缝	guǐ fèng	rail joint gap
轨距杆	guǐ jù gǎn	gage tie bar
轨撑	guǐ chēng	rail brace
防爬器	fáng pá qì	anti-creeper
防爬撑	fáng pá chēng	anti-creeping strut

三、语法
III. Grammar

"由……组成"的用法：形成，构成。

form，compose.

例：委员会由教授和工程师组成。

The committee was composed of professors and engineers.

四、练习
IV. Exercises

（一）词语练习
i. Vocabulary

钢轨　轨枕　道床　连接零件　道岔　道砟　轨缝　接头连接零件
中间连接零件　轨距杆　轨撑　防爬器　防爬撑

（二）复述课文
ii. Fill in the Blanks of the Text

① 轨道由_____、_____、_____、_____、轨道加强设备及道岔等组成。
② 连接零件有_____和_____两种。
③ _____和防爬撑为防爬设备。
④ 轨距杆与_____是保持轨距的设备，多用于曲线地段。
⑤ 道床是指铺设在路基顶面上的_____层。

（三）阅读理解
iii. Reading Comprehension

① 轨道加强设备主要是（　　）。
　　A. 轨距杆与轨撑　　B. 防爬器与防爬撑　　C. 钢轨　　D. 连接零件
② 在铁路线路上，实现线路间的相互连接或交叉的设备总称为（　　）。
　　A. 轨距杆　　B. 防爬器　　C. 道岔　　D. 连接零件
③ （　　）的作用是承受钢轨传来的作用力，并将其传递至道床，使之有效地保持钢轨和钢轨之间的距离。

A. 道床　　　　　B. 道岔　　　　　C. 钢轨　　　　　D. 轨枕

④（　　）是直接支撑机车车辆轮对并引导车轮运行的主要轨道部件。

A. 道床　　　　　B. 道岔　　　　　C. 钢轨　　　　　D. 道砟

五、拓展阅读
V. Further Reading

普通线路上的钢轨结构是轨道结构的薄弱环节之一，它不仅对线路设备、机车和车辆的使用寿命、旅客的舒适度等有一定的不良影响，还直接威胁铁路行车安全。为减少接头，把许多根普通长度的钢轨焊接起来形成的长钢轨线路称为无缝线路。无缝线路与普通线路比较，大大减少了钢轨接头，因此，使行车平稳、旅客舒适，并可以延长轨道和机车车辆的使用寿命，降低线路的养护维修工作量，适应高速、重载行车要求，是轨道结构的发展方向，也是我国铁路现代化的重要内容之一。

普通铁路道床采用碎石材料，高速铁路轨道结构分为有砟轨道和无砟轨道两种类型，以采用无砟轨道结构为主。

什么是无砟轨道？顾名思义，无砟轨道就是没有碎石的轨道，由钢筋混凝土浇筑而成。与有砟轨道相比，无砟轨道能够长久保持轨道的形状和位置，在较长的服务期内不需要大规模维修，同时还具有轨道结构耐久性好、整洁美观的特点。我国常用的无砟轨道结构形式有板式无砟轨道和双块式无砟轨道。

无砟轨道直接承载高速列车运行，为确保高速列车安全运行以及旅客乘坐舒适，其建设过程必须精细、严谨、科学。

项目三　中国高速铁路车站
Chapter 3　Station of CRH

第一篇　高速铁路车站概述
3.1　Introduction to High-speed Railway Station

一、课文
I. Text

高速铁路车站是高速铁路旅客运输的基层生产单位，是铁路与旅客之间联系的纽带。客运站在铁路旅客运输生产过程中起着重要的作用，它是旅客运输的始发、中转和终到作业的地点，是铁路与旅客运输有关的行车、工务、电务等部门协调地进行生产活动的场所。旅客选择铁路运输作为旅行工具，首先接触到的是车站，因此，车站就成了提高服务质量、树立铁路信誉的门户（见图 3.1.1）。

图 3.1.1　贵阳北站

高速铁路车站按作业性质和在线路上所处的位置可以分为越行站、中间站、始发站和枢纽站；按车站客运量又分为大、中、小型客运站。一般情况下，直辖市、省会所在地的车站为大型客运站，省辖市所在地的车站为中型客运站，位于县城和县级市的车站为小型客运站。

越行站是专为办理速度较快的旅客列车越行速度较慢的旅客列车而设的车站，不办理旅客乘降作业，设于站间距离较长的区间，为中速列车待避高速列车越行的车站办理高速列车越行作业。

中间站主要办理列车通过和越行作业、客运业务和少量的列车折返作业。中间站一般通过列车多于停站列车，办理旅客上、下车及换乘作业。

始发站主要办理列车始发、终到作业及客运业务并设有动车所，一般位于高速铁路的起始点。始发站办理全部始发（终到）高、中速列车到发作业，具有全线最大的客运量；没有不停站通过列车，但有少量停站通过列车。

枢纽站一般位于铁路枢纽和直辖市、省会所在地具有大量客运业务的客运站，用以办理大量停站，高、中速列车到发和少量通过高、中速列车的作业。这些车站还办理为数较多的高速列车始发终到作业。

二、生词
II. New Words and Expressions

始发	shǐ fā	starting
始发站	shǐ fā zhàn	starting station
终到	zhōng dào	terminal
终到站	zhōng dào zhàn	terminal station
中转	zhōng zhuǎn	interchange
中转站	zhōng zhuǎn zhàn	interchange station
越行站	yuè xíng zhàn	overtaking station
停站通过列车	tíng zhàn tōng guò liè chē	stop train
不停站通过列车	bù tíng zhàn tōng guò liè chē	non-stop train
折返	zhé fǎn	return
动车所	dòng chē suǒ	dynamic vehicle place
站间距离	zhàn jiān jù lí	distance between stations

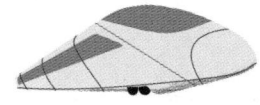

三、语法
III. Grammar

"一般"的用法：

① 一样。same as，just like.

例：他俩一般高。

The two of them are the same height.

② 普通，通常。general，ordinary，common.

例：他是一般工作人员。

He is an ordinary member of the staff.

四、练习
IV. Exercises

（一）词语练习

i. Vocabulary

始发　始发站　终到　终到站　中转　中转站　越行站　停站通过列车　不停站通过列车　折返　动车所　站间距离

（二）复述课文

ii. Fill in the Blanks of the Text

①_____是高速铁路旅客运输的基层生产单位，是铁路与旅客之间联系的_____。

②_____在铁路旅客运输生产过程中起着重要的作用，它是旅客运输的_____、_____和_____作业的地点，是铁路与旅客运输有关的_____、_____、_____等部门协调地进行生产活动的场所。

③ 高速铁路车站按作业性质和在线路上所处的位置可以分为_____、_____、_____和_____；按车站客运量又分为_____、_____、_____型客运站。

（三）阅读理解
iii. Reading Comprehension

① 高速铁路旅客运输的基层生产单位是_____。

② 一般情况下，省会所在地的车站为_____。

③ 为办理高速列车越行低速列车而设的车站是_____。

④ 一般位于高速铁路起始点的车站是_____。

⑤ 越行站_____旅客乘降作业。

⑥ 中间站的主要作业包括哪些？

⑦ 始发站办理哪些作业？

⑧ 简述枢纽站的作业内容。

五、拓展阅读
V. Further Reading

高速车站客运站的作业特点

（1）车站作业单一，只办理客运作业。

高速铁路运营初期能力上会存在一定富余，但由于技术上的原因一般不开行货物列车。日本、法国等多数国家高速铁路均不开行货物列车；德国虽然有两条客货混跑高速线，但仍以客车为多，货车主要在夜间运行，车站办理的作业主要是通过作业。我国高速铁路大部分也设定为不办理货运，即使如石太等客货混跑线的车站，也基本不办理货运作业。

（2）高速旅客列车一般不办理行包和邮件的装卸作业。

我国普通客车多挂有行李车和邮政车。列车到达较大车站时，要进行邮件和行包的装卸作业，车站站台上沿站台的纵横向均须设置行邮拖车的走行通道，列车作业繁忙的大站通常需设横越股道站台的地下通道，交叉干扰多，作业时间长，往往成为列车到发作业的主要限制因素。因此，高速铁路车站一般不办理行包和邮件的装卸作业。国外的高速列车也均不办理行邮作业，解决行包的办法：一是设置较宽敞的行李架，二是开行单列的行包邮政列车。我国高速铁路基本与既有线平行，行包运输问题可以考虑由既有线完成，故高速列车可不办理行邮业务。

（3）高速车站作业必须突出"安全第一"的思想。

不停站的高速列车通过车站的速度按设计要求应与区间相同，停站的列车进入咽

喉区的速度也将达到 80 km/h。因此在车站，人身安全、列车运行安全、车站员工的安全以及高速列车养护维修、车列与动车组运行和调车作业的安全，都必须加以注意。

（4）高速车站作业组织要充分体现"以人为本，方便旅客"的宗旨。

车站是聚集大量旅客的场所，必须做到快捷集散客流，尽量减少旅客步行距离、减少滞留时间，而且还要提供安全方便的通道。

（5）高速车站的客运和行车组织工作要适应高效率快速作业要求。

高速列车停站作业时间很短，列车停站时间最短为 1 分钟，立即折返的列车停站时间从国外经验看为 10 到 25 分钟，因此，必须提高车站客运和行车组织工作水平，适应高速列车的高效、快速的作业要求。

第二篇　旅客站房和站前广场
3.2　Passenger Station Building & Station Square

一、课文
I. Text

　　站房是客运站的主体,包括为旅客服务的各种用房、运营管理工作所需的各种技术办公用房。客运用房是旅客站房的主体,它在站房中所占的面积较高,且最直接地为旅客服务。高铁客运站以高速便捷、以人为本的服务意识进行客流组织,根据特殊的客流性质,增加进出站流动空间的建筑面积,将普铁客运站中众多独立的候车室综合成一个共享候车大空间,明亮宽敞的候车大厅给人舒适、安全的感觉。旅客在站房内可以进行候车、换乘、商务办公、旅游咨询等各项活动。

　　客运站房应根据客运量设有便于购买车票、办理候车、问讯、引导、广播、时钟、携带品寄存,以及为旅客服务的文化、卫生及生活上的必要设备。根据规定,客运站房还应设置实名制验证和制证设备、安全检查设备、客运信息查询设备、视频监控设备、垃圾存放设备、消防设备等;同时,根据需要设置电梯、自动扶梯、无障碍通道和相应的助残设施、污物处理、自动售检票和取票设备等。另外,还可根据需要设置贵宾室、软席候车室、母婴候车室、军人候车室和旅客餐厅等。

　　高铁客运站房应设立旅客服务系统,支持铁路局集中、中心代管小站和车站独立运行等模式,配置相应旅客服务集成管理平台和车站应急处理平台,实现对车站广播、引导、时钟、查询、视频监控等客运业务的集中管理和控制。

　　站前广场是客运站和城市交通联系的纽带,是旅客流和各种车流的集散地点,应与地面公交、地铁、轻轨等各种交通运输方式有机衔接,以实现零距离换乘的目标。站前广场的功能是集散铁路旅客和部分城市交通车辆,运行和停放各种交通车辆,并布置各种服务设置。

　　为保证旅客和车辆安全、便利、迅速集散,站前广场上各种车辆的行驶路线、停车场地应妥善安排,避免旅客流线、车辆流线之间的交叉干扰,并应尽量缩短进、出站旅客的走行距离。各种车辆停车站应尽量靠近站房出入口,旅客活动地带应设人行通道,客流量大、交通组织较复杂的广场可设地下人行通道,广场周围布置旅客服务设施,如旅馆、饭店、超市、汽车站等,使站前广场成为与城市规划密切配合的一个完整空间。

二、生词
II. New Words and Expressions

候车室	hòu chē shì	waiting room
自动售票机	zì dòng shòu piào jī	automatic fare collection
自动取款机	zì dòng qǔ kuǎn jī	ATM
小件寄存	xiǎo jiàn jì cún	left-luggage

三、语法
III. Grammar

"根据"的用法：

① 依照、依据。according to.

例：我根据你的建议，改变了我的行程。

I have changed my journey according to your suggestions.

② 作为根据的事物。foundation，basis.

例：我的理论是以可靠的事实作为根据的。

My theory is established on the solid basis of facts.

四、练习
IV. Exercises

（一）词语练习

i. Vocabulary

候车室　　换乘　　自动售票机　　自动取款机　　小件寄存

（二）复述课文

ii. Fill in the Blanks of the Text

① 客运用房是_____的主体，它在站房中所占的面积较高，且最直接地为_____。

② 旅客在站房内可以进行_____、_____、_____、旅游咨询等各项活动。

③ 客运站房应根据客运量设有便于购买车票、_____、问讯、引导、_____、时钟、_____，以及为_____的文化、卫生及生活上的必要设备。

④ 站前广场是_____和_____的纽带，是旅客流和各种车流的_____，应与地面公交、地铁、轻轨等各种交通运输方式有机衔接，以实现零距离换乘的目标。

（三）阅读理解
iii. Reading Comprehension

① 客运站房应该设置哪些设备？

② 站前广场有哪些功能？

五、拓展阅读
V. Further Reading

北京南站

北京南站为椭圆形车站，分为主站房、雨棚两部分，如图 3.2.1 所示。主站房为双曲穹顶，最高 40 m，檐口高度为 20 m，主站房以天坛鸟瞰为基本形状，中间设有 3 个层次，隐喻中国皇家建筑的层次感和地位，体现其文化性。

图 3.2.1　北京南站

北京南站共有 5 层，从上到下依次为：高架候车厅以及配合的高架环形车道、站台轨道层、换乘大厅、地铁 4 号线、地铁 14 号线。两侧雨篷的环形高架桥，主要通行

的是出租车和社会车辆，旅客进站可直接进入高架候车大厅。地面层主要通行公交车辆，以及旅客进站。地下一层是换乘大厅、停车场以及旅客出站系统，并且预留了与城市铁路连接的车站，设有公交车始发站和出租车停靠站，南广场设有公交停靠站。

地上两层为高架候车厅，是旅客进站层，其中央为独立的候车室，东西两侧是进站大厅、自北向南依次为各候车区。高架候车大厅的 4 个角设有售票办公楼，设置窗口售票机和自动售票机。检票进站也全部由自动验票系统控制。每个站台上都有多部直梯和扶梯，这些电梯将候车大厅、站台层和地下换乘大厅连接为一体。站内共设有上百部电梯，旅客可以通过这些设施无障碍地进出站和到达车站的各个服务区域。其设计充分体现"以人为本、客流为主"的设计思路，方便旅客出行，真正实现了各种交通方式间的"零距离换乘"。

第三篇 站 场
3.3 Railway Yard

一、课文
I. Text

客运站站场布置众多专门用途的线路，用于接发、停靠列车，并进行客运作业和技术作业。站场内应设置站线、旅客站台、雨棚、跨线设备等设施。站场内各种设施的布置形式，应能满足合理地组织旅客流线的需要，满足安全、合理地组织旅客上下车，并应考虑方便站内工作人员的工作。

1. 站 线

根据作业需要，车站站场内设正线、到发线、综合维修设备存放线及其他线路。

（1）正线。

正线是指连接车站并贯穿或直股伸入车站的线路。站内正线一般采用上下行全部平行顺直与两端区间连接，如图 3.3.1 所示。

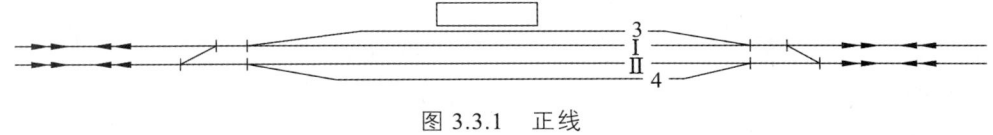

图 3.3.1 正线

（2）到发线。

旅客列车到发线供旅客列车接发和停靠，与正线平行。到发线数量的设置应根据行车量确定。我国由于行车量大，越行站到发线的数量一般为 2 股；中间站的到发线一般为 2 股，如果客运量较大，每年达 500 万人次及以上，或者有立即折返始发终到作业的中间站，可设到发线 3~4 股。始发（终到）站的到发线数量应根据车站最终承担的旅客列车对数及其性质、列车开行方案、引入线路数量和车站技术作业过程等因素确定，并应满足高峰时段列车密集到发的需要。

2. 站 台

站台是乘客乘降必需的设备。旅客乘降站台数量应与列车到发线数量相适应，设置基本站台和中间站台。高速铁路站台高度是根据高速列车的构造确定的，且更加追求旅客乘降的高速度。我国高速铁路车站均采用高站台，站台高度应高于轨面 1.25 m；

站台长度是按旅客列车的长度来确定的，包括动车组的总长，一般按 450 m 设置。站台应设置安全标线、停车和车厢位置标志，站台两端应设置栅栏和禁行标志。

3. 雨棚

为了保证向旅客提供优质的服务，旅客站台应设置雨棚。雨棚用于遮阳和避雨，方便旅客乘降。其长度和宽度应该与站台的长度和宽度一致，对于客运量较小的县城站，雨棚的长度可以减少到 200~300 m。

4. 跨线设备

跨线设备指站房与站台之间、站台与站台之间往来的通道。跨线设备的类型、数量和位置，对站场内的流线组织起着重要的作用，尤其是在大量旅客下车出站时，跨线设备就成了人流疏散过程中的控制地段。高速铁路车站的跨线设备可包括天桥和地道。跨线设备设置应使旅客通行更顺畅，减少交叉干扰。高铁车站一般选用封闭式天桥，以保证雨雪天气行走安全，同时防止天桥上发生抛撒杂物，危及接触网及列车运行安全。

二、生词
II. New Words and Expressions

站线	zhàn xiàn	station track
正线	zhèng xiàn	main track
到发线	dào fā xiàn	arrival and departure track
旅客站台	lǚ kè zhàn tái	passenger platform
雨棚	yǔ péng	platform awning
跨线设备	kuà xiàn shè bèi	overhead equipment
旅客流线	lǚ kè liú xiàn	passenger flow

三、语法
III. Grammar

"方便"的用法：便利，convenient，easy.

例 1：这里谈话不方便。

It's not convenient to talk here.

例 2：他总是把方便让给别人，把困难留给自己。

He always keeps the difficulties to himself and make things easy for others.

四、练习
IV. Exercises

（一）词语练习
i. Vocabulary

　　站线　　正线　　到发线　　旅客站台　　雨棚　　跨线设备　　旅客流线

（二）复述课文
ii. Fill in the Blanks of the Text

　　① 客运站站场布置众多专门用途的线路，用于_____、_____，并进行_____和技术作业。站场内应设置_____、_____、雨棚、_____等设施。

　　② 跨线设备指_____之间、站台与站台之间往来的通道。

　　③ 高速铁路车站的跨线设备可包括_____和_____。_____应使旅客通行更顺畅，减少交叉干扰。

（三）阅读理解
iii. Reading Comprehension

　　① 中国采用的站台是怎样的？请具体描述。

　　② 什么是跨线设备？跨线设备的作用是什么？

五、拓展阅读
V. Further Reading

　　车站根据业务性质、运量大小及技术作业的需要，设置下列主要设备：
　　（1）到发线；

（2）折返线；

（3）救援列车停留线、自轮运转特种设备停留线等；

（4）与动车组运用所（简称动车所）、动车段相连接的车站，应设动车组走行线（当设有专用的机车走行线并具有相同进路时，可以合设）；

（5）动车组长期停放的车站应设动车组存车线；

（6）作业车辆停放线；

（7）通信、信号、联锁、闭塞设备；

（8）根据接发列车、调车作业的需要设置隔开设备等安全设施；

（9）机车乘务组、动车组司机及随车机械师、客运乘务组进行中途换乘作业的车站，应配备值班室、休息室和必要的配套设施。

旅客列车始发终到站、客运枢纽站和上水站，应在到发线间设置列车上水设施和节水装置。根据需要在始发终到站及客运枢纽站设置动车组、客车地面排污设施和移动卸污设备。地面排污设施应防止泄漏和污染，排污能力满足动车组、客车停留时间的要求。

项目四 中国高速铁路车辆
Chapter 4 Train of CRH

第一篇 什么是高铁列车？
4.1 What is High-speed Train?

一、课文
I. Text

中国高铁列车的中文名是和谐号，英文名是 CRH；CRH 是"中国高速铁路"（China Railways High-speed）的简称。中国高铁列车是一种安全、快速、方便、舒适的交通工具，也是世界上先进的交通工具。目前在中国，高铁列车有 CRH1、CRH2、CRH3、CHR5、CRH6、CRH380 等不同型号（每一种型号下又有小的划分，如 CRH1A、CRH1B 等），如图 4.1.1 所示。

CRH1

CRH2

图 4.1.1　高铁列车

CRH1　由中车四方机车车辆股份有限公司与加拿大庞巴迪的合资公司——青岛四方-庞巴迪铁路运输设备有限公司（BST）生产。车型以庞巴迪为瑞典 AB 提供的 Regina C2008 为基础。

CRH2　由中车四方机车车辆股份有限公司引进日本川崎重工技术在国内生产。型车以川崎重工新干线 E2-1000 型动车组为基础。

CRH3　由中车唐山轨道客车有限责任公司引进德国西门子技术在国内生产。车型以

西门子 ICE3（Velaro）为基础，营运速度 350 km/h，最高速度 394 km/h。

CRH5 由中车长春轨道客车股份有限公司引进法国阿尔斯技术在国内生产。车型以法国阿尔斯通的 Pendolino 宽体摆式列车为基础，但取消了装设的摆式功能，而车体以法国阿尔斯通为芬兰国铁提供的 SM3 动车组为原型。

CRH380 是我国技术攻关，自主生产的新一代动车组，也是我国高速列车中的佼佼者，目前有 CRH380A、CRH380B、CRH380C、CRH380D 四款车型。CRH380A 在 2010 年 5 月上海世博会上首度亮相，是国内目前最成熟的速度 350 km/h 高速动车组车型，拥有完全自主知识产权并且获得了美国专利授权，也是目前国内唯一一款拿到出口订单的高速动车组车型。

复兴号动车组列车，是中国标准动车组的中文命名，由中国铁路总公司牵头组织研制，具有完全自主知识产权，达到世界先进水平。2017 年 6 月 26 日，复兴号动车组列车在京沪高铁正式双向首发，如图 4.1.2 所示。

图 4.1.2　复兴号动车组列车

二、生词
II. New Words and Expressions

高铁列车	gāo tiě liè chē	high-speed train
和谐号	hé xié hào	Harmony express
型号	xíng hào	model
车型	chē xíng	train model
速度	sù dù	speed
复兴号	fù xīng hào	Fuxing bullet train

三、语法
III. Grammar

"等"的用法：

① 助词，表示列举未尽，and so on.

例：他手里有红色、绿色、蓝色等颜色的旗子。

He has red, green, blue flags in his hands and so on.

② 助词，列举后煞尾，用于全部列举，有语气停顿、加以强调的作用。

例：联合国有汉语、英语、法语、俄语、西班牙语、阿拉伯语等六种工作语言。

There are six official languages in the United Nations, including Chinese, English, French, Russian, Spanish and Arabic.

四、练习
IV. Exercises

（一）词语练习

i. Vocabulary

高铁列车　和谐号　型号　车型　速度　动车组　复兴号

（二）复述课文

ii. Fill in the Blanks of the Text

① 我国高铁列车的中文名是_____，英文名是 CRH；CRH 是"_____"（China Railways High-speed）的简称。

② 中国高铁列车是一种_____、_____、_____、舒适的交通工具，也是世界上先进的_____。

（三）阅读理解

iii. Reading Comprehension

① 中国高铁列车目前有哪些型号？

② 中国自主生产的高铁列车是哪一个型号？具体哪一个型号的高铁列车拥有完全自主知识产权并且获得了美国专利授权？

③ 请简单介绍复兴号动车组列车。

五、拓展阅读
V. Further Reading

高铁和动车的区别

事实上，不管是"高铁线路"，还是所谓的"动车线路"，其上所跑的车都是动车组，只是车辆型号不同而已。CRH1、CRH2（除CRH2C）、CHR5 这三个型号都是 200 km/h 级别的，设计的营运速度为 200 km/h，最高营运速度为 250 km/h；CRH2C、CRH3、CRH380 这几种型号是 300 km/h 级别的，设计的营运速度为 350 km/h 左右，最高速度为 380 km/h。在中国，设计开行 250 km/h 以上（含预留），并且初期运营速度 200 km/h 以上的铁路客运专线，称为高铁。高铁列车车次号通常为 G 字头、C 字头。动车开行速度在 200 km/h 以上，比高铁最高运行速度慢或停站更多。动车列车车次号通常为 D 字头。

第二篇　高铁列车的组成
4.2　Composition of High-speed Train

一、课文
I. Text

高铁列车主要有 CRH1、CRH2、CRH3、CRH5、CRH380 等几个系列，构造基本相同。动车组的基本组成包括两大部分：机械部分和电气部分。机械部分由车体与车辆内部设备、转向架、车辆连接装置、制动装置等组成；电气部分由受流系统、牵引传动系统、列车网络控制系统等组成。

1. 车　体

动车组车体采用流线型设计，以承受列车运行、会车、过隧道等情况下列车表面的压力。技术上要求车体轻量化，在动力一定的情况下，质量越轻越容易达到更高的速度，而且牵引能耗越少；同时，可以降低列车高速引起的动力作用对线路结构、机车车辆结构产生的损伤，以及提高旅客乘坐舒适度。车体主要由底架、车顶、左右侧墙、内外端墙等几部分组成，如图 4.2.1 所示。

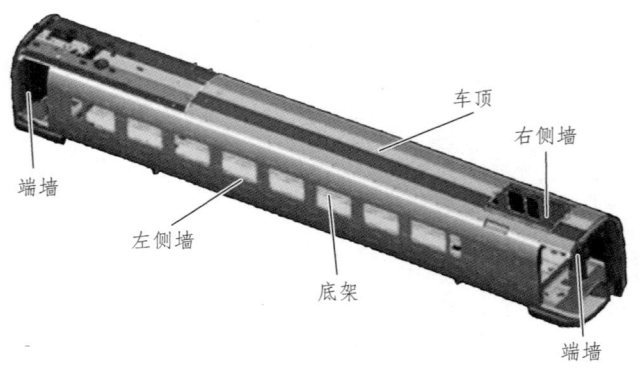

图 4.2.1　车体

2. 车内设施

车内设施是服务于乘客的车内固定附属装置，如车内电气、供水、通风、取暖、空调、座席、车窗、车门、行李架、旅客信息服务系统等；也可根据服务水平要求设其他辅助设施，如餐车、车载电话、自动售货机、饮水机等。动车组车厢座椅靠背后面安装有折叠式小桌板，可供后排座椅上的旅客放置物品；车内通风性好、温度适宜、卫生干净，饮用水供应充足，乘车环境舒适，如图 4.2.2 所示。

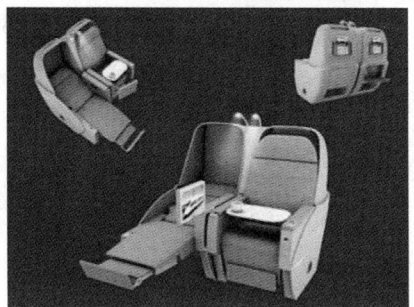

图 4.2.2　车内设施

3. 转向架

转向架是支承车体并担任走行任务，使车辆能顺利通过曲线的部分。转向架是动车组的关键部件，是高铁列车安全行驶、乘坐舒适、减少维修的保障。转向架分为动力转向架和非动力转向架。转向架由侧架、制动轮盘、弹簧减振装置等部分组成，如图 4.2.3 所示。动车转向架还有牵引电机和驱动装置。

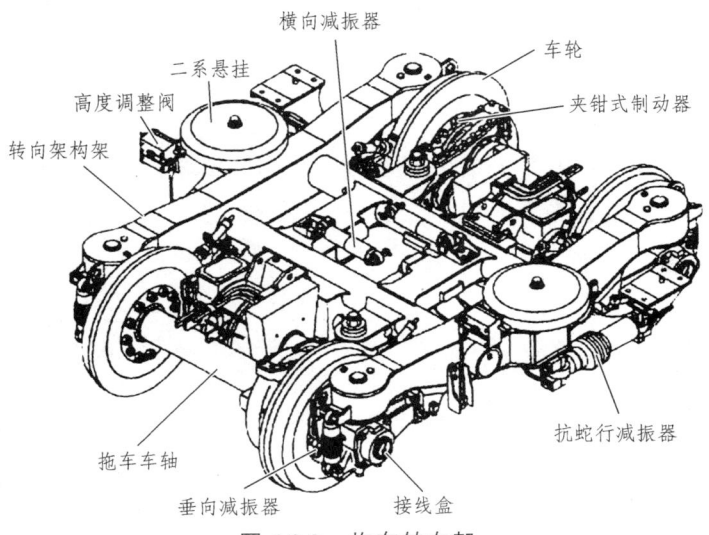

图 4.2.3　拖车转向架

4. 牵引系统

牵引系统起到了能量传递和转换的作用。交流牵引传动系统包括牵引电机、牵引变压器、牵引变流器和牵引控制器。

5. 车钩及缓冲装置

车钩及缓冲装置使车辆具有连挂、牵引和缓冲3种功能。动车组普遍采用密接式车钩缓冲装置，如图4.2.4所示。其优点是体积小、质量轻、两车钩连挂后各方向的相对移动量都很小，缺点是强度较低、机加工量大，因而成本较高。缓冲器选择橡胶缓冲器，柔性较好，适用于高速。缓冲器容量不必过大，行程减小以利于提高纵向平稳性。

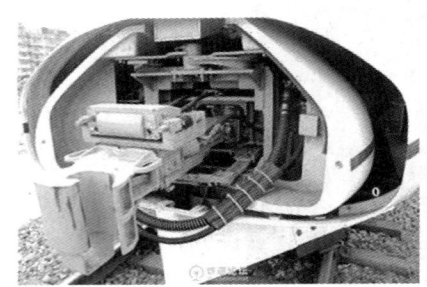 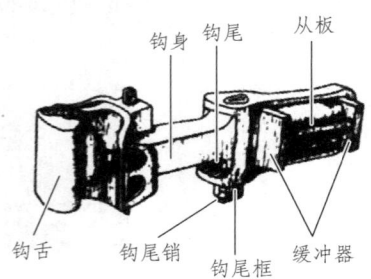

图 4.2.4　车钩及缓冲装置

6. 制动系统

能够产生制动力实现制动作用的系统称为制动系统。动车组制动能力为满足要求采用两种复合制动模式，即空气与电气联合制动模式，电气制动模式优先，操纵控制采用电控、直通或微机控制电气指令式等迅速灵敏的系统。同时，为满足制动安全可靠性要求，采用多级制动控制方式。制动控制系统由电气部分和气路阀类部分组成，实现制动能力的互补。

7. 受流系统

受流系统的功能是将接触网的电能进行变压滤波处理，再供给列车电气系统各设备使用。受流系统主要设备有受电弓、高压总线断路器、主断路器、主变压器、网侧变流器、逆变器等。

二、生词
II. New Words and Expressions

车体	chē tǐ	train
车辆内部设备	chē liàng nèi bù shè bèi	train interior equipment

车辆连接装置	chē liàng lián jiē zhuāng zhì	train connection device
制动装置	zhì dòng zhuāng zhì	braking device
受流系统	shòu liú xì tǒng	current collector system
牵引传动系统	qiān yǐn chuán dòng xì tǒng	traction system
列车网络控制	liè chē wǎng luò kòng zhì	train network control
车钩	chē gōu	coupler
缓冲装置	huǎn chōng zhuāng zhì	buffer device

三、语法
III. Grammar

"越 A+越 B"的用法：the more…the more…

A 可以是动词（含动词短语），也可以是形容词；B 可以是形容词，也可以是心理动词等非动作动词。

例：她的字越写越好。

The more she writes，her words are better.

四、练习
IV. Exercises

（一）词语练习

i. Vocabulary

车体　车辆内部设备　车辆连接装置　制动装置　受流系统
牵引传动系统　列车网络控制　车钩　缓冲装置

（二）复述课文

ii. Fill in the Blanks of the Text

① 动车组的基本组成包括两大部分：_____部分和_____部分。机械部分由_____与车辆内部设备、_____、车辆连接装置、_____等组成；电气部分由受流系统、_____、列车网络控制系统等组成。

② _____是服务于乘客的车内固定附属装置，如车内电气、供水、通风、

取暖、空调、_____、_____、_____、_____等；也可根据服务水平要求设其他辅助设施，如_____、车载电话、_____、饮水机等。动车组车厢座椅靠背后面安装有_____，可供后排座椅上的旅客_____；车内_____、温度适宜、卫生干净，_____，乘车环境舒适。

③ 车钩及缓冲装置使车辆具有_____、_____和_____3种功能。

（三）阅读理解
iii. Reading Comprehension

① 动车组车体为什么采用流线型设计？
② 动车组车体采用轻量化的原因是什么？
③ 动车组交流牵引传动系统的组成有哪些？
④ 动车组普遍采用密接式车钩缓冲装置的优点是什么？
⑤ 动车组制动采用什么模式？
⑥ 受流系统的功能是什么？

五、拓展阅读
V. Further Reading

高铁车内设施

1. 高铁列车卫生间

高铁列车卫生间与普通列车卫生间一样，是男女混合的，并不按性别分别设置。所有卫生间都是坐便，配有卫生纸和洗手池。残疾人/母婴专用卫生间要比普通卫生间宽敞很多。其中，该卫生间门上还设计了电动的按钮，开关卫生间门只需要按动按钮即可。

2. 高铁列车行李架

与以往传统的列车相比，高铁列车的行李架是比较小巧的，只能放置一些小型的箱包。如果乘客携带的是拉杆箱，就需要将箱包放在专门的行李柜里。该行李柜在车厢连接处附近，里面空间很大，为上下两层。

3. 高铁上垃圾处理

在前排座椅的背后，都设有一个放置杂志的袋子，里面装有"清洁袋"。清洁袋是纸质的，经过防水处理，与飞机上的清洁袋基本相似。大家吃食品等所产生的垃圾，

可以放置在垃圾袋里，每隔一段时间，会有乘务员来收取。

4. 热水供应

高铁列车每节车厢都有热水供应处，乘客可以自带杯子去接热水。高铁列车的烧水装置是生开水分开的，完全保证乘客喝到的是烧开的水。

5. 高铁上手机充电

高铁列车在车座的底部设有插座，插座是多功能的，既可以插两相插头，也可以插三相插头，所以在高铁上给手机充电、使用笔记本式计算机非常方便。

第三篇 动车组
4.3 Electric Multiple Units(EMUs)

一、课文

I. Text

动车组,英文名称为 Electric Multiple Units,简写为 EMUS,即多个(动力)单元。动车组是火车的一种类型,是由至少两节机车或带动力的车辆和若干节不带动力的车辆所组成的列车(见图 4.3.1)。由于大众对火车科普知识了解不够、媒体和部分官方资料不严谨,导致日常生活中大多数人对动车组的概念只停留在国家铁路线上运行的 CRH 系列动车组,甚至误以为只有 D 字头列车、和谐号列车等才是动车组。现今,中国国家铁路属于动车组的列车班次有市域(市郊)车次、城际(城动)车次、普动车次和高速(高动)车次,分别以大写字母 S、C、D 和 G 表示。

图 4.3.1 动车组

动车组主要组成中,带动力的车辆叫动车,不带动力的车辆叫拖车。动车是把动力装置分散安装在每节车厢上,使其既具有牵引力,又可以载客,车厢本身就有动力,没有传统意义的独立机车牵引。动车组采用固定编组,在两端都有驾驶室,列车掉头时无须先把机车在一端脱钩后再移到另一端挂钩,因此加快运转的速度;同时,也减少了车务人员的工作,提高了作业安全。动车组能容易组合成长短不同的列车。有些地方的动车组会先编组成一列车,到中途的车站再分开成数节,开向不同的目的地。动车组列车的加速能力远远高于传统列车。

根据机车类型、动力来源的不同,动车组可分为内燃机动车组和电力动车组;电力动车组又可分为直流和交流两种类型。根据动力分配方式，动车组可分为动力集中式和动力分散式两大类。其中，动力分散型动车组还可以细分成纯动车组和一般动车组。另外，根据列车速度范围，动车组还可分为低速动车组、快速（普通）动车组和高速动车组。

二、生词
II. New Words and Expressions

动车	dòng chē	Motor Car（M）
拖车	tuō chē	trailer
牵引力	qiān yǐn lì	traction force
机车牵引	jī chē qiān yǐn	locomotive traction
编组	biān zǔ	marshalling
直达特快旅客列车	zhí dá tè kuài lǚ kè liè chē	direct express train

三、语法
III. Grammar

"既……又……"的用法：both...and，as well as.

表示同时具有两个方面的性质或情况，连接动词或形容词（结构和音节数目常相同）。

例1. 她既喜欢英语又喜欢汉语。

She likes both English and Chinese.

例2. 我的爸爸既勇敢又聪明。

My father is brave and smart as well.

四、练习
IV. Exercises

（一）词语练习
i. Vocabulary

动车　拖车　牵引力　机车牵引　编组　直达特快旅客列车

（二）复述课文
ii. Fill in the Blanks of the Text

① 几节自带动力的车辆加几节不带动力的车辆一起组成_____。_____的车辆叫动车，_____的车辆叫拖车。动车是把_____分散安装在每节车厢上，使其既具有_____，又可以_____，_____本身就有动力，没有传统意义的独立_____。动车组技术源于_____，是一种_____。

② 根据_____类型、_____来源的不同，动车组可分为_____动车组和_____动车组；电力动车组又可分为直流和交流两种类型。根据动力分配方式，动车组可分为动力集中式和动力分散式两大类。其中，_____动车组还可以细分成纯动车组和一般动车组。另外，根据列车速度范围，动车组还可分为_____动车组、快速（普通）动车组和_____动车组。

（三）阅读理解
iii. Reading Comprehension

① 什么是动车？
② 动车组采取什么样的编组？
③ 中国国家铁路属于动车组的列车班次有哪些？

五、拓展阅读
V. Further Reading

一等座、二等座、观光座的区别

高铁座席根据座位不同，分为一等座、二等座和观光座（也称特等座）。一等座每排有 4 个座位，二等座每排有 5 个座位，观光座每排有 3 个座位。这 3 种座位都可以做 180°旋转，且为整排旋转。

一等座的座位比较宽大，中等体型的乘客坐下后，旁边还可以放一个随身包。前后两排之间的距离超过 30 cm，非常宽敞，靠窗座位的乘客进出，基本上不会影响到靠过道的乘客。一等座的小桌板是在座椅侧面的扶手内，前排座椅靠背下方有折叠的脚踏，需要时可以放下，脚踏还可以两面旋转。座椅的扶手旁还设有耳机插孔，且扶手是固定的，不能收放。

二等座椅前后两排之间的距离不是很宽，所以内侧座位的乘客进出，可能会影响

到外侧的乘客。二等座座位之间的扶手可以收放，且小桌板在前排座椅的背后。

　　观光座，位于高铁列车驾驶室附近，与其他车厢相比，感觉更加舒适。观光座的座位大小和设施与一等座相同，只是每排只有 3 个座位，前后两排之间的距离更大，所以观光座更加宽敞。

项目五　中国高速铁路牵引供电
Chapter 5　Traction Power Supply of CRH

第一篇　高速铁路电能从哪里来？
5.1　Where Does the Power of High-speed Railway Come from?

一、课文
I. Text

为了满足高速列车运能大、安全性高、占地少、节省能源的要求，高速铁路牵引供电系统必须采用更为高效、可靠的供电设备，才能为高速铁路的正常运行提供更有效的供电质量。

将电能从电力系统传送给电力机车的电力装置的总称叫电气化铁路供电系统，又称牵引供电系统。其主要由牵引变电所和接触网两大部分组成。牵引变电所将电力系统输电线路电压从 110 kV（或 220 kV）降到 27.5 kV，经馈电线将电能送至接触网；接触网沿铁路上空架设，电力机车升弓后便可从其取得电能，通过接触网与受电弓在运行过程中的良好接触，将电能传输给高速列车，最终起到牵引电力机车的作用。

高速铁路牵引供电系统由牵引变电所、牵引网、分区亭、开闭所等组成，如图 5.1.1 所示。

1. 牵引变电所

牵引变电所沿电气化铁路分布，每一个牵引变电所负责两侧接触网的供电。其作用是降压和分相，它将电力系统的三相高压电转换为两个单相电，通过馈电线分别供给两侧的接触网。

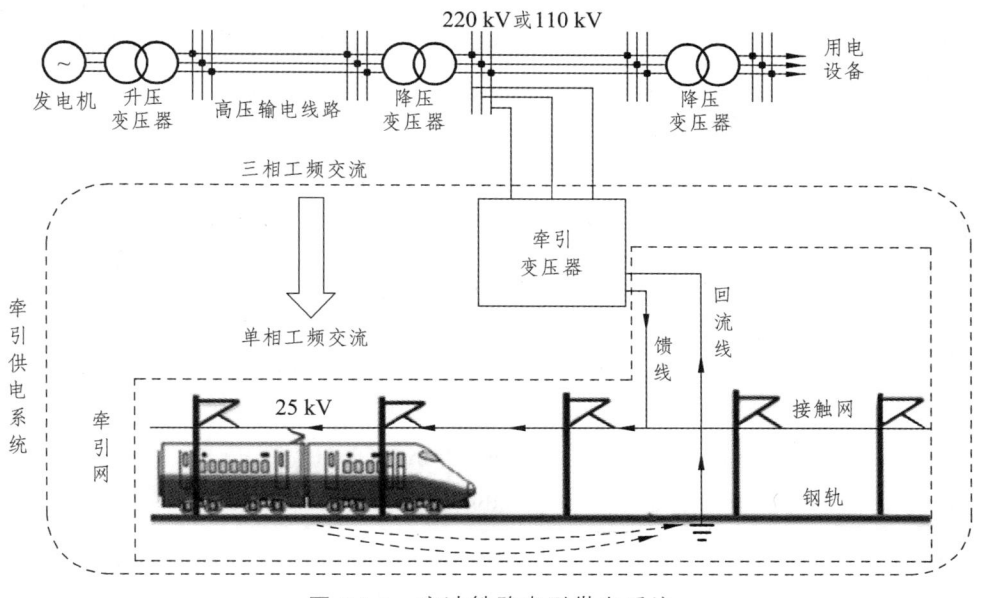

图 5.1.1　高速铁路牵引供电系统

2. 牵引网

牵引网由馈电线、接触网、钢轨（或大地）、回流线等组成。

馈电线是连接牵引变电所牵引母线和接触网的架空线。馈电线除直接向接触网送电外，还要向附近车站、机务折返段、开闭所等送电，所以馈电线的数目较多，距离也可能较长。

接触网是牵引网的主体。由于接触网分布广、结构复杂、运行条件差，所以不仅日常维修工作量大，故障也较多，对牵引供电的可靠性影响极大。

流过电力机车的负荷电流经钢轨（或大地）、回流线流回到牵引变电所。

3. 分区亭

为了提高供电的灵活性和可靠性，在两个相邻牵引变电所的接触网末端通常设置分区亭。其主要作用是当相邻牵引变电所发生故障而不能继续供电时，可以闭合分区所内的断路器，由非故障牵引变电所实行越区供电。

4. 开闭所

开闭所实际上是开关站，多设于铁路枢纽，可灵活地对各分区接触网停、供电，用以实现对站场各股道群的分别供电控制，从而缩小事故的停电范围。

二、生词
II. New Words and Expressions

牵引	qiān yǐn	draw
供电	gōng diàn	power supply
变电所	biàn diàn suǒ	substation
接触网	jiē chù wǎng	catenary
馈电线	kuì diàn xiàn	feeder
受电弓	shòu diàn gōng	pantograph
降压	jiàng yā	reduction voltage
分相	fēn xiàng	subsection-phase
三相	sān xiàng	three-phase
高压	gāo yā	high voltage
单相	dān xiàng	single phase
钢轨	gāng guǐ	steel rail
回流	huí liú	return（line）
机务	jī wù	maintenance
折返	zhé fǎn	return section
断路器	duàn lù qì	circuit breaker
股道	gǔ dào	station track

三、语法
III. Grammar

副词"更"的用法：
① 表示动作行为的重复，相当于"再""复""又"，again.
更进一步，go a step further；更有甚者，what is more.
② 表示程度的加深，相当于"更加""愈加""越发"等。
更冷了，much colder；更难，even more difficult.

四、练习
IV. Exercises

（一）词语练习
i. Vocabulary

  牵引 供电 变电所 接触网 馈电线 受电弓 降压 分相 三相 高压 单相 钢轨 回流 机务 折返 断路器 股道

（二）复述课文
ii. Fill in the Blanks of the Text

  ① 为了满足高速列车＿＿＿＿、＿＿＿＿、＿＿＿＿、＿＿＿＿的要求，高速铁路牵引供电系统必须采用更为＿＿＿＿、＿＿＿＿的供电设备，才能为高速铁路的正常运行提供更有效的供电质量。

  ② 高速铁路牵引供电系统由＿＿＿＿、＿＿＿＿、＿＿＿＿、＿＿＿＿、＿＿＿＿等组成。

  ③ 牵引网由＿＿＿＿、＿＿＿＿、＿＿＿＿、＿＿＿＿等组成。

  ④ 馈电线是连接＿＿＿＿＿＿和＿＿＿＿＿＿。

  ⑤ 开闭所实际上是＿＿＿＿，多设于＿＿＿＿，可灵活地对各分区接触网停、供电，用以实现对站场各股道群的＿＿＿＿＿＿，从而缩小事故的停电范围。

（三）阅读理解
iii. Reading Comprehension

  ① 什么是牵引供电系统？
  ② 牵引供电系统由哪几部分组成？
  ③ 牵引变电所有什么作用？
  ④ 分区亭的作用是什么？

五、拓展阅读
V. Further Reading

铁路牵引变电所如何保证可靠供电？

  我国电气化铁路均采用单边供电方式，即牵引变电所向接触网供电时，每一个供电臂的接触网只能从一端的牵引变电所获得电能，复线区段可通过分区亭将上下行接

触网连接，实现"并联供电"，可适当提高末端电压。当某一牵引变电所发生故障无法供电时，通过分区亭道闸操作，使相邻变电所通过分区亭实现"越区供电"，此时供电距离增加，网压降低，通常应减少列车对数或牵引定数，以维持运行。

为保证牵引变电所可靠供电，从电网取得的两路可靠高压电源，一路运行，一路备用。牵引变电所内设两台相同容量的牵引变压器，一台运行，一台备用，其中任何一台出现故障，则自动切换到另一台。高速铁路牵引供电系统采用高可靠、少维护的气体绝缘开关设备（GIS），当一座牵引变电所整体退出运行时，可由相邻牵引变电所替代它实现越区供电。牵引供电系统实际上是多重保险，确保高速动车组持续供电。

第二篇　高速动车组如何获得动能？
5.2　How to Obtain Kinetic Energy for High-speed EMU?

一、课文
I. Text

高速列车是靠电能驱动前进的，其通过车顶上的受电弓与接触网的滑动接触来获取电能。铁路上把受电弓从接触网获取电能的过程称作"受流"（见图 5.2.1）。

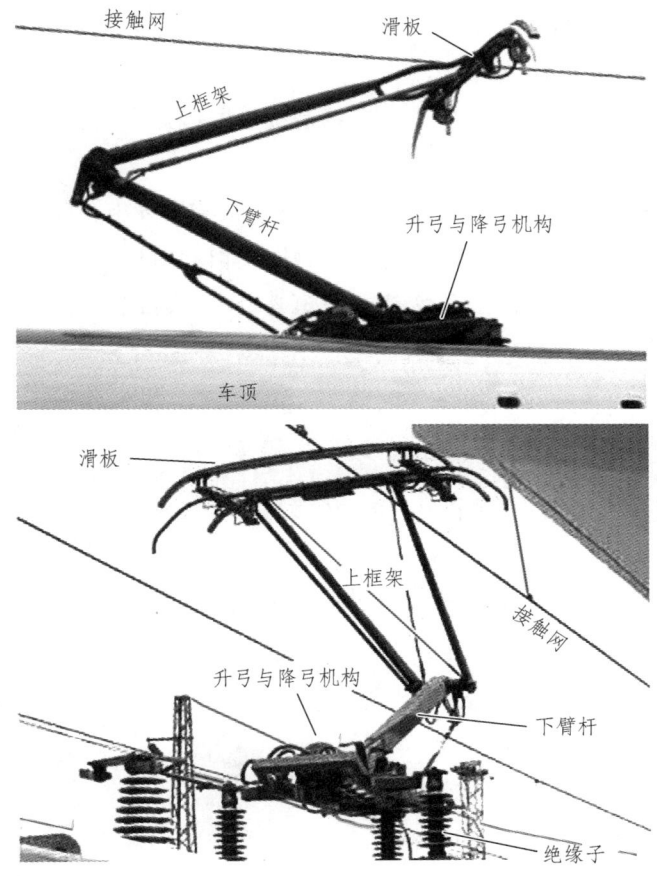

图 5.2.1　受电弓与接触网

一般固定的设备相对于供电线路是静止不动的。而高速铁路却恰恰相反，用电设备（高速动车组）相对于供电线路（接触网）是高速运动的。高速行进的列车一路上要起动、制动、加速、减速、前进、后退、上坡、下坡，不断变化。受电弓与接触网

不能固定不变，同时必须时刻保持接触，两者一脱离就会断电。只有通过高速列车顶部设置的受电弓与接触网密贴接触，才能保证电能持续安全可靠地传递给高速动车组。

为保证动车组受电弓与接触导网始终保持密贴滑动接触，接触网悬挂点高度的设计坡度为零，悬挂方式采用弹性链形悬挂，这种结构使接触网的弹性不均匀度小，接触网与受电弓的接触更为平顺、光滑、密贴。接触网安装要求非常精细，每米接触导线展放后的平直度只允许有 0.1 mm 的高差。接触网的磨耗使用寿命达 200 万弓架次，接触网系统寿命达 30 年。

在接触悬挂方式已定的情况下，高速运行状态下，如何保证高质量滑动受流呢？可从优化接触网和受电弓几方面进行努力。

一是增大接触网的张力。提高接触网的张力是改善弓网受流质量的主要措施，高速铁路接触网张力一般在 25 kN 以上（是普通铁路的两倍多），即在接触网两端施加大于 2.5 t 质量，以使接触网更平直。

二是降低单位长度的接触网质量，也就是接触网最好采用轻质材料。我国高速铁路采用高强度且高导电率的铜合金接触网。

三是增大受电弓的抬升力和减轻受电弓质量。但增大受电弓抬升力有一定的限度，增大抬升力虽然可以使受电弓更好地密贴接触网，但同时也加快了受电弓滑板和接触网的磨耗，容易增加接触网金属的疲劳，缩短其寿命。因此，受电弓抬升力需要综合考虑，合理选取。

二、生词

II. New Words and Expressions

受流	shòu liú	current collection
悬挂	xuán guà	hang
坡度	pō dù	slope
弹性	tán xìng	elasticity
链形	liàn xíng	chain-shaped
磨耗	mó hào	abrasion
张力	zhāng lì	tension
平直	píng zhí	straightness
强度	qiáng dù	strength
导电率	dǎo diàn lǜ	electric conductivity

铜合金	tóng hé jīn	copper alloy
抬升	tái shēng	lift
滑板	huá bǎn	operating slide

三、语法
III. Grammar

"而"的连词用法：

① 连接语意相反的成分，表示转折。

课文中的"而"就是一个转折，相当于"but"。

例：大而无当。large but impractical, unwieldy.

② 连接肯定和否定互相补充的成分，相当于"without"。

例：华而不实。flashy without substance.

四、练习
IV. Exercises

（一）词语练习
i. Vocabulary

受流 悬挂 坡度 弹性 链形 磨耗 张力 平直 强度 导电率
铜合金 抬升 滑板

（二）复述课文
ii. Fill in the Blanks of the Text

① 高速列车是靠_____与驱动前进的，其通过车顶上的_____与_____的滑动接触来获取电能，铁路上把受电弓从接触网获取电能的过程称作_____。

② 一般固定的设备相对于供电线路是_____。而高速铁路却恰恰相反，用电设备（高速动车组）相对于供电线路（接触网）是_____。

③ 为保证动车组受电弓与接触网始终保持密贴滑动接触，接触网悬挂点高度的设计坡度_____，悬挂方式采用_____，这种结构使接触网的弹性不均匀度小，接触网与受电弓的接触更为_____、_____、_____。

④ 接触网的磨耗使用寿命达_____，接触网系统寿命达_____。

⑤ 在高速运行状态下，为保证高质量的滑动受流，可从_____和_____几方面进行努力。

（三）阅读理解
iii. Reading Comprehension

在接触悬挂方式已定的情况下，高速运行状态下，如何保证高质量的滑动受流呢？

五、拓展阅读
V. Further Reading

由于列车运行所需的电能是靠受电弓与接触网的接触来获取的，受电弓是靠一定的抬升力让滑板与接触网保持接触的。列车高速运行时，受电弓的滑板就像一个小小的飞机机翼，受气流的作用也会产生一个动态的抬升力，显然动态抬升力随列车运行速度的升高而增大。列车运行时，接触网在受电弓抬升力的作用下发生上下振动，产生振动波向前传播，这就给受电弓和接触网保持良好的接触带来了困难。受电弓前进的速度和接触网波动的传播速度越接近，受电弓和接触网就越容易失去接触。

受电弓与接触网脱离失去接触的现象称作离线。由于高速列车的受电弓从接触网获取的电流值很大，离线时产生的电弧会加快受电弓滑板和接触网的磨耗，引起电磁干扰，同时还伴随着噪声污染。离线发生的次数越多，时间越长，表明受流质量越差。所以，一般用离线率来评价列车受流质量的好坏。

第三篇 高速铁路接触网
5.3 High-speed Railway Catenary

一、课文
I. Text

接触网是沿铁路线上空架设的向电力机车供电的特殊形式的输电线路，通过接触线和受电弓的滑动接触把电能输送给电力机车，是高速铁路的重要供电设施。其由接触悬挂、支持装置、定位装置、支柱与基础几部分组成。其结构如图 5.3.1 所示。

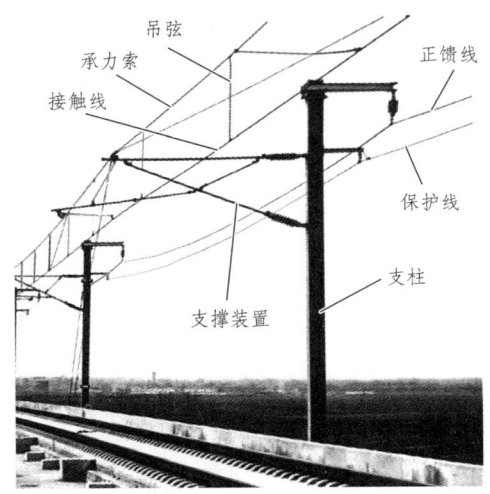

图 5.3.1 接触网

接触悬挂包括接触线、吊弦、承力索以及连接零件等。接触悬挂通过支持装置架设在支柱上，其功用是将从牵引变电所获得的电能输送给电力机车。

支持装置包括腕臂、水平拉杆、悬式绝缘子串、棒式绝缘子及其他建筑物的特殊支持设备，用以支持接触悬挂，并将其负荷传给支柱或其他建筑物。

定位装置包括定位管和定位器，其功用是固定接触线的位置，使接触线在受电弓滑板运行轨迹范围内，保证接触线与受电弓不脱离，并将接触线的水平负荷传给支柱。

支柱与基础用以承受接触悬挂、支持和定位装置的全部负荷，并将接触悬挂固定在规定的位置和高度上。中国接触网中采用预应力钢筋混凝土支柱和钢柱，基础是对钢支柱而言的，即钢支柱固定在下面的钢筋混凝土制成的基础上，由基础承受支柱传给的全部负荷，并保证支柱的稳定性。预应力钢筋混凝土支柱与基础制成一个整体，下端直接埋入地下。

二、生词
II. New Words and Expressions

吊弦	diào xián	hanger
承力索	chéng lì suǒ	load-carrying cable
腕臂	wàn bì	cantilever
拉杆	lā gān	pull rod
绝缘	jué yuán	insulation
定位	dìng wèi	fix a position

三、语法
III. Grammar

"其"的用法：

① 第三人物代词，相当于"他（她）""他们（她们）""它（它们）""他（她）的""他们（她们）的""它（们）的"，his /her/it/its/their.

例1：各得其所。

Everything is in its proper place.

例2：物尽其用。

Make the best use of everything.

② 指示代词，相当于"那""那个""那些"，that，such.

例1：正当其时。Just at that time.

例2：不乏其人。There is no lack of such people.

四、练习
IV. Exercises

（一）词语练习

i. Vocabulary

吊弦　承力索　腕臂　拉杆　绝缘　定位

（二）复述课文
ii. Fill in the Blanks of the Text

① 接触网通过_____和_____的滑动接触把电能输送给_____，是高速铁路的重要供电设施。其由_____、_____、_____、_____几部分组成。

② 接触悬挂包括_____、_____、_____以及_____等。

③ 支持装置包括_____、_____、_____、_____的特殊支持设备。

④ _____用以承受接触悬挂、支持和定位装置的全部负荷，并将_____固定在规定的位置和高度上。

⑤ 中国接触网中采_____和_____。

（三）阅读理解
iii. Reading Comprehension

① 什么是接触网？
② 接触悬挂的作用是什么？
③ 定位装置包括哪几部分？其作用是什么？

五、拓展阅读
V. Further Reading

接触网担负着把从牵引变电所获得的电能直接输送给电力机车使用的重要任务。因此，接触网的质量和工作状态将直接影响着电气化铁路的运输能力。由于接触网是露天设置，没有备用，线路上的负荷又是随着电力机车的运行而沿接触线移动和变化的，故对接触网提出以下要求：

① 在高速运行和恶劣的气候条件下，为保证电力机车正常取流，要求接触网在机械结构上具有稳定性和足够的弹性。

② 接触网设备及零件要有互换性，应具有足够的耐磨性和抗腐蚀能力，并尽量延长设备的使用年限。

③ 要求接触网对地绝缘好，安全可靠。

④ 设备结构尽量简单，便于施工、运营及维修。在事故情况下，便于抢修和迅速恢复送电。

⑤ 尽可能地降低成本，特别要注意节约有色金属及钢材。

总的来说，要求接触网无论在任何条件下，都能保证良好地供给电力机车电能，保证电力机车在线路上安全、高速运行，并在符合上述要求的情况下，尽可能地节省投资、结构合理、维修简便、便于新技术的应用。

项目六　中国高速铁路信号与控制系统
Chapter 6　Signal and Control System of CRH

第一篇　信号设备
6.1　Signal Equipment

一、课文
I. Text

高速铁路信号设备是指挥列车运行、保证行车安全、提高运输效率、改善行车组织方式、实现行车指挥现代化的关键设备，信号设备担负着高速铁路各种行车设备的控制和行车信息的传输，是高速铁路信息技术的重要组成部分。信号设备包括继电器、信号机、转辙机、轨道电路、应答器等。

（一）继电器

继电器是一种电磁开关，是铁路信号实现自动控制和远程控制的重要设备，如图6.1.1所示。继电器用于电路的逻辑控制，具有逻辑记忆功能，能组成复杂的逻辑控制电路，用于将某种电量或非电量的变化量转换为开关量，以实现对电路的自动控制功能。

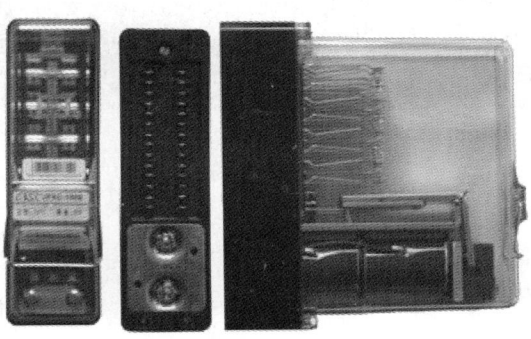

图 6.1.1　继电器

（二）信号机

信号机是铁路的轨旁基础设备，以地面信号为主体信号的铁路信号系统，司机必须按照信号机的显示运行，如图 6.1.2 所示。高速铁路以车载信号为主体信号，正线区段基本不设信号机，只有在道岔区段，为了调车作业的需要而设置地面信号机。信号机按用途分为进站、出站、通过、进路、预告、接近、调车等信号机。

图 6.1.2　信号机

（三）转辙机

转辙机是道岔控制系统的执行设备，用于转换锁闭道岔尖轨或心轨，表示监督联锁区内道岔尖轨或心轨的位置和状态，其设备运用质量直接影响行车安全，如图 6.1.3 所示。

图 6.1.3　转辙机

（四）轨道电路

轨道电路是由钢轨线路和钢轨绝缘构成的电路，用于自动、连续检测这段线路是否被机车车辆占用，也用于控制信号装置或转辙装置，以保证行车安全的设备，如图 6.1.4 所示。

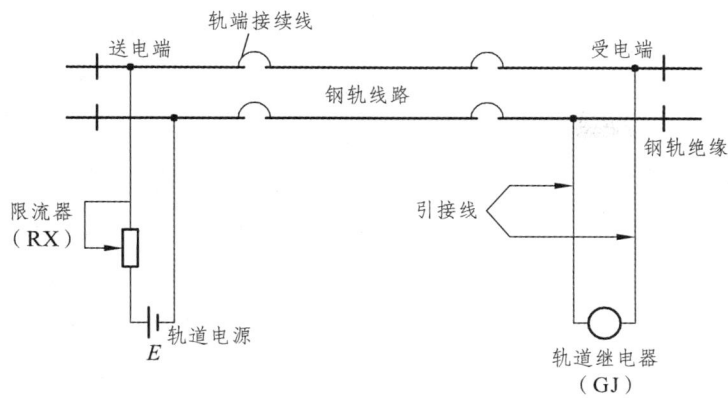

图 6.1.4　轨道电路

（五）应答器

应答器是一种运用电磁耦合原理而构成的高速点式数据传输设备，是列车防护系统 ATP 的关键部件，用于在特定地点实现车-地间的数据交换，为列车提供列车防护系统 ATP 所需的各种点式信息，包括进路长度、岔区长度、闭塞分区长度、坡度、曲线等，确保列车在高速运行状态下的安全。

图 6.1.5　应答器

二、生词
II. New Words and Expressions

继电器	jì diàn qì	relay
信号机	xìn hào jī	signal machine
转辙机	zhuǎn zhé jī	switch machine
轨道电路	guǐ dào diàn lù	track circuit

| 应答器 | yìng dá qì | responder |
| 列车防护系统（ATP） | liè chē fáng hù xì tǒng | automatic train protection |

三、语法
III. Grammar

① "实现"的用法：及物动词+宾语……，realize，bring about.

例：所有这一切都不是一夜之间可以实现的。

All this cannot be achieved overnight.

② "必须"的用法：have to，must.

例：我们必须马上走。

We must go at once.

注："必须"和"必需"同音同义，都有必要的意思，区分在于前者强调必要，后者强调必要有。

例：这些参考书是我们所必需的。

These reference books are indispensable to us.

四、练习
IV. Exercises

（一）词语练习
i. Vocabulary

继电器　信号机　转辙机　轨道电路　应答器　列车防护系统（ATP）

（二）复述课文
ii. Fill in the Blanks of the Text

① 继电器是一种_____开关。

② 转辙机是_____控制系统的执行设备。

③ 轨道电路是由_____和钢轨绝缘构成的电路。

④ 信号设备包括继电器、_____、转辙机、轨道电路、_____等。

⑤ 应答器是一种运用电磁耦合原理而构成的_____传输设备。

（三）阅读理解
iii. Reading Comprehension

① 继电器的工作原理是什么？
② 信号机的作用是什么？
③ 转辙机的作用是什么？
④ 应答器的作用是什么？

五、拓展阅读
V. Further Reading

轨道状态检查装置

　　轨道状态检查装置主要用来检测线路是否空闲或是否有车占用，它分为轨道电路和计轴轨道检查装置。轨道电路是以钢轨作导体的电路，用以检查有无列车、传递列车占用信息以及实现地面与列车间信息的传递。轨道电路工作状态分为以下三种。

（一）调整状态（无车占用）

　　当轨道电路控制区段内的钢轨完整，且无列车占用（即线路空闲）时，通过轨道继电器的电流比较大，轨道继电器励磁吸起，前接点闭合，利用轨道继电器前接点的闭合条件，接通信号机的绿灯电路，信号开放，表示轨道电路设备完整，没有被列车占用，允许列车进入该区段，如图 6.1.6 所示。

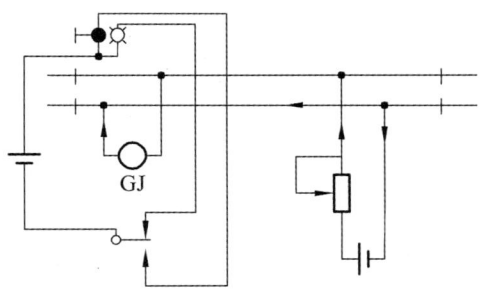

图 6.1.6　调整状态图

（二）分路状态（有车占用）

　　轨道电路若被列车占用，即轨道电路被列车轮对分路，因而钢轨中的信号电流同时通过机车车辆的轮对。由于轮对电阻比轨道继电器线圈的电阻小得多，所以电源输出的电流显著增大，限流器 RX 上的压降随之增加，两根钢轨间的电压降低，当流经轨道继电器线圈的电流减少到它的落下值时,衔铁释放,后接点闭合,信号机的绿灯电路切断,信号关闭。同时利用其后接点的闭合条件,接通信号机的红灯电路,这样就表示轨道电路已经被占用,向续行列车显示禁止信号,如图6.1.7所示。

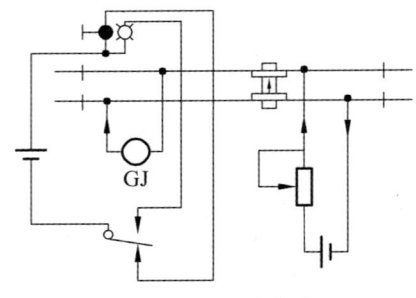

图6.1.7 分路状态

(三)断轨状态

轨道电路断轨状态,也叫开路状态。当轨道电路某一设备损坏,如引接线或钢轨折断时,轨道继电器也会因得不到足够的电流而失磁,同样使信号机点红灯,禁止列车进入该区段,以保证行车安全。

第二篇 联 锁
6.2 Interlock

一、课文
I. Text

为保证行车安全，使相关信号机、道岔和进路之间保持相互制约的关系，该关系称之为联锁关系（联锁）。而联锁设备（联锁机构）就是确保车站内列车和调车作业安全、提高车站通过能力的一种信号设备。

（一）进 路

在车站内，调车机车、列车、车列由一股道转到另一股道运行所经过的径路称为进路。进路包括调车进路、发车进路、接车进路、列车通过经过的进路，如图 6.2.1 所示。每个车站都有若干条进路，当某条进路开通后，与其相关的道岔必须锁闭。

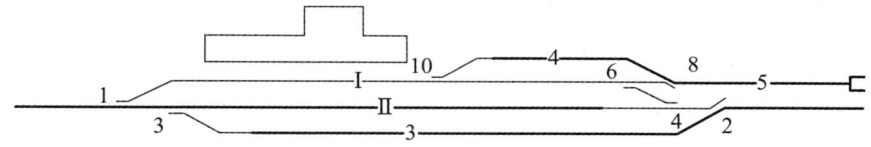

图 6.2.1　粗线部分就表示三条进路

如果同时开放两条进路，就会造成机车车辆相撞，这两条矛盾的进路就称为敌对进路，此进路在列车进路中不允许存在。

如图 6.2.2 所示，粗线进路与粗虚线进路就为敌对进路。

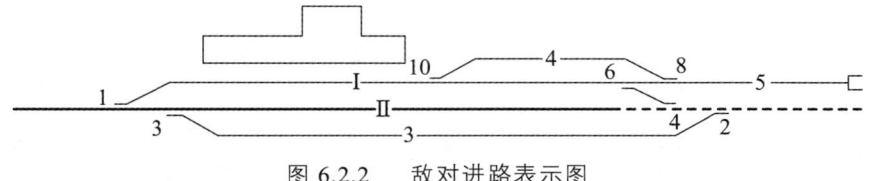

图 6.2.2　敌对进路表示图

（二）联锁条件关系原理

1. 联锁的概念

信号、道岔、进路之间的这种相互制约的关系，称为联锁关系，简称联锁。

2. 联锁的条件关系

道岔与信号机之间以及信号机与信号机之间的联锁关系，应满足下列条件：

（1）防止建立会导致机车车辆相冲突的进路；

（2）必须使列车或调车车列经过的所有道岔均锁闭在与进路开通方向相符合的位置；

（3）必须使信号机的显示与所建立的进路相符。

满足以上条件，进路上各区段空闲时才能开放信号。如果进路上有车占用，却能开放信号，则会引起列车、调车车列与原停留车冲突。这是绝对不允许的。

进路上有关道岔在规定位置才能开放信号。如果进路上有关道岔开通位置不对却能开放信号，则会引起列车、调车车列进入异线或挤坏道岔。信号开放后，其防护的进路上的有关道岔必须被锁闭在规定位置，而不能转换。

（三）联锁设备

控制车站的道岔、进路和信号机，并实现它们之间联锁关系的设备称为联锁设备。

1. 电气集中联锁

电气集中联锁是用继电电路集中控制和监督全站的道岔、进路和信号，实现车站的联锁关系和室外设备的控制，操作人员通过控制台集中操纵和监督全站信号设备。但由于其功能不够完善，不利于与现代化信息系统联网，不适应铁路现代化的需要，正逐步被计算机联锁取代。

2. 计算机联锁

计算机联锁利用计算机实现车站的联锁关系，用继电器电路作为计算机主机与室外信号机、转辙机、轨道电路的接口设备，操作人员通过显示器、鼠标等设备实现对现场设备的控制和监督。计算机联锁充分发挥了计算机的特长，操作表示功能完善，便于与列车调度指挥系统（TDCS）、调度集中系统（CTC）等系统连接，便于实现信号设备的远程监督、远程控制和自动控制，是车站联锁设备的发展方向。

二、生词

II. New Words and Expressions

进路	jìn lù	route
敌对进路	dí duì jìn lù	conflicting route
联锁设备	lián suǒ shè bèi	interlock equipment

电气集中联锁　　　　diàn qì jí zhōng lián suǒ　　electrical interlock
计算机联锁　　　　　jì suàn jī lián suǒ　　　　　computer interlock
列车调度指挥系统　　liè chē diào dù zhǐ huī xì tǒng
　　　　　　　　　　train dispatching command system（TDCS）
调度集中系统　　　　diào dù jí zhōng xì tǒng
　　　　　　　　　　centralized traffic control system（CTC）

三、语法
III. Grammar

①"使"的用法：动词，让，make，enable.
例：虚心使人进步，骄傲使人落后。
Modesty helps one to go forward, and conceit makes one lag behind.
②"确保"的用法：动词，保证，ensure，guarantee.
例：他所做的并不能确保成功。
What he has done do not guarantee the success.

四、练习
IV. Exercises

（一）词语练习
i. Vocabulary

　　敌对进路　　联锁设备　　电气集中联锁　　计算机联锁　　列车调度指挥系统
　　调度集中系统

（二）复述课文
ii. Fill in the Blanks of the Text

　　① 联锁是指信号机、道岔和进路之间保持_____的关系。
　　② 列车进路又可分为_____和发车进路。
　　③ 如果同时开放两条进路，就会造成机车车辆相撞，这两条矛盾的进路就称为_____。

④ _____之间的这种相互制约的关系，称为联锁关系。

⑤ 控制车站的_____，并实现它们之间_____的设备称为联锁设备。

（三）阅读理解
iii. Reading Comprehension

① 什么是进路？
② 联锁的条件关系有哪些？
③ 联锁设备有哪些？
④ 简述计算机联锁系统。

五、拓展阅读
V. Further Reading

计算机联锁系统

我国计算机联锁系统有单机、双机热备、二乘二取二、三取二等结构，由此产生不同型号的计算机联锁系统很多，但它们的硬件组成的基本形式差异不大，我国高速铁路主要采用二乘二取二结构的计算机联锁系统。

计算机联锁系统主要由人机对话设备、联锁控制计算机系统（简称主机）、输入/输出通道与接口、继电器结合电路及其监控对象（信号机、道岔、轨道电路）等部分组成。图 6.2.3 是计算机联锁系统的硬件结构框图。

下面对各组成部分作以简要说明。

1. 主　机

主机是计算机联锁系统的核心，它要完成所有信息的处理、接口管理及与外部设备的信息交换。主机一般包括上位机（也称操作表示机或控制显示机或监视控制机）、下位机（也称联锁处理机）、电务维修机（也称监测机）等。为了提高系统的可靠性，上位机采用双机冗余控制，联锁机采用双机热备、三机表决或二乘二取二控制。各部分计算机的功能如下：

（1）上位机：一是接收车务人员的操作命令，将操作信息通过网络通信传给联锁机；二是接收来自联锁机的状态信息和提示信息等，控制显示器显示系统及监控对象

的状态，及时显示各种提示信息和报警信息；三是将各种表示信息、报警信息及时转发给电务维修机。

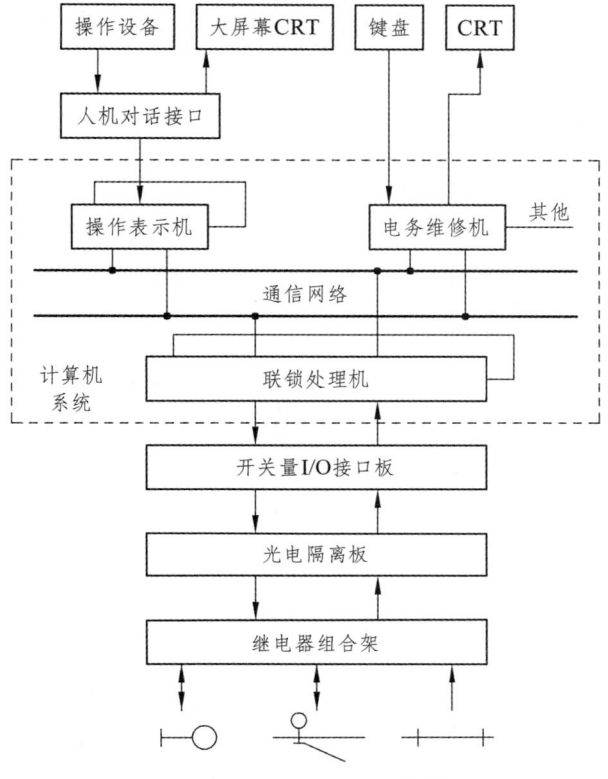

注：CRT 为阴极射线显像管。

图 6.2.3　计算机联锁硬件结构框图

（2）下位机：一方面接收上位机下发的操作命令，另一方面通过输入接口采集现场信号设备的状态信息。

（3）电务维修机：专门为电务维修人员配备的机器。

2. 人-机对话设备

人操纵设备主要有按钮盘或数字化仪、鼠标等，显示设备有大屏幕显示器及大屏幕表示盘。

3. 通道与接口

通道与接口是连接主机与外部设备的纽带。

4. 继电器结合电路

由于铁路信号对系统的安全性要求非常高，目前国内的计算机联锁系统受软、硬件技术水平的限制，还不能完全取消继电器。控制、监督室外信号设备的最后一级执行部件仍然用继电器。

第三篇　CTCS-2级列控系统
6.3　CTCS-2 Train Control System

一、课文
I. Text

当今世界各国高速铁路信号系统普遍采用的安全技术设备是列车运行控制系统（TCS）。列车运行控制系统是一种可以根据列车在铁路线路上运行的客观条件和实际情况，对列车运行速度及制动方式等状态进行监督、控制和调整的技术装备，列车运行控制系统简称列控系统。列车运行控制系统主要完成对线路上运行列车的进路安全和速度控制，确保列车不会超速运行，以免脱轨或颠覆；确保列车间有安全的追踪距离，不会发生追尾；保证列车在规定的停车点能够停下来，不会冒进和追尾。列车运行控制系统是确保行车安全的关键技术，是高速铁路的"大脑和神经系统"。中国列车运行控制系统（CTCS）组成如图 6.3.1 所示。CTCS 分为 CTCS-0 级、CTCS-1 级、CTCS-2 级、CTCS-3 级、CTCS-4 级 5 个等级。

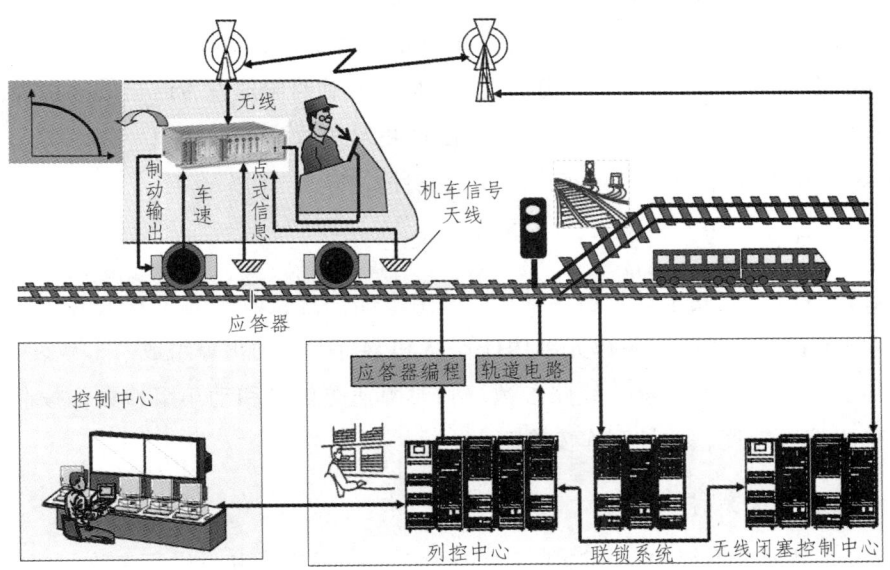

图 6.3.1　中国列车运行控制系统组成

高速铁路信号系统采用 CTCS-2 级列控系统和 CTCS-3 级列控系统。现以 CTCS-2 级列控系统为例进行讲解。

CTCS-2 级列控系统由地面设备和车载设备组成。CTCS-2 级列控系统总体结构如图 6.3.2 所示。

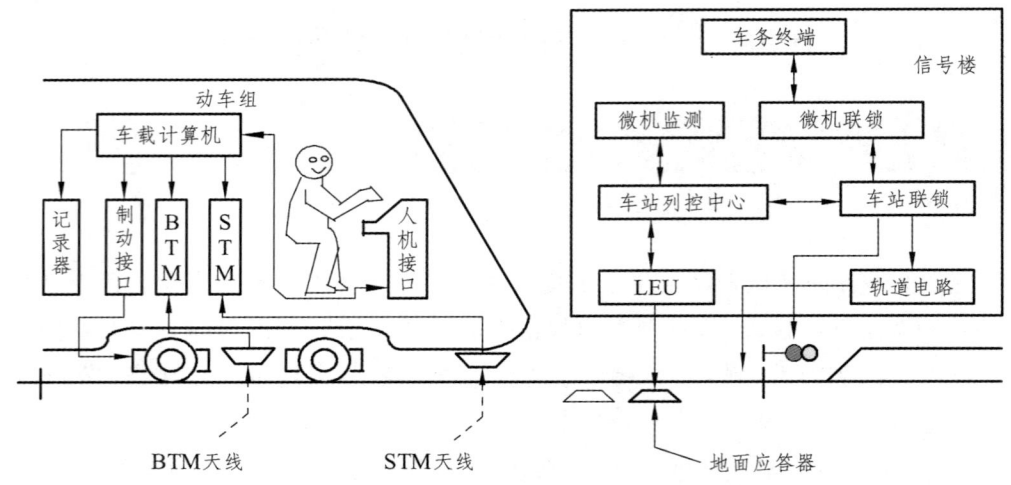

图 6.3.2　CTCS-2 级列控系统总体结构

1. 地面设备

地面设备由临时限速服务器系统（TSRS）、列控中心系统（TCC）、ZPW-2000 轨道电路、地面电子单元（LEU）与应答器等组成。

临时限速服务器系统（TSRS）集中管理客运专线的临时限速命令，具备全线临时限速命令的存储、校验、撤销、拆分、设置、取消及临时限速设置时机的辅助提示功能。

列控中心（TCC）接收轨道电路占用信息并发送给计算机联锁。

ZPW-2000 轨道电路实现列车占用及完整性检查。

2. 车载设备

车载设备由车载安全计算机（VC）、轨道电路信息接收单元（TCR）、应答器信息接收模块（BTM）、司法记录单元（JRU）、人机界面（DMI）等组成。车载设备根据地面设备提供的信号动态信息、线路参数、临时限速等信息和动车组参数，按照目标-距离模式生成控制速度，监控列车安全运行。

3. CTCS-2 级列控系统基本功能

CTCS-2 级列控系统的基本功能主要有两个：一是生成和发送行车许可证；二是超速防护（ATP）。具体地讲，有以下内容：

（1）在不干扰机车乘务员正常驾驶的前提下有效地保证列车运行安全。

（2）在任何情况下防止列车无行车许可运行。

（3）防止列车超速运行。

二、生词
II. New Words and Expressions

中国列车运行控制系统（CTCS）　　zhōng guó liè chē yùn xíng kòng zhì xì tǒng
　　　　　　　　　　　　　　　　Chinese train control system（CTCS）

列控中心（TCC）　　　　　　　　liè kòng zhōng xīn
　　　　　　　　　　　　　　　　train control center（TCC）

ZPW-2000 轨道电路　　　　　　　ZPW-2000 guǐ dào diàn lù
　　　　　　　　　　　　　　　　ZPW-2000 track circuit

地面电子单元（LEU）　　　　　　dì miàn diàn zǐ dān yuán
　　　　　　　　　　　　　　　　land electrical unit（LEU）

应答器　　　　　　　　　　　　　yìng dá qì　　　　　　　responder

车载安全计算机（VC）　　　　　　chē zǎi ān quán jì suàn jī
　　　　　　　　　　　　　　　　vehicle security computer（VC）

司法记录单元（JRU）　　　　　　sī fǎ jì lù dān yuán
　　　　　　　　　　　　　　　　judicial recording unit（JRU）

轨道电路信息接收单元（TCR）　　guǐ dào diàn lù xìn xī jiē shōu dān yuán
　　　　　　　　　　　　　　　　track circuit information receiving unit（TCR）

应答器信息接收模块（BTM）　　　yìng dá qì xìn xī jiē shōu mó kuài
　　　　　　　　　　　　　　　　responder information receiving module（BTM）

人机界面（DMI）　　　　　　　　rén jī jiè miàn
　　　　　　　　　　　　　　　　human-machine interface（HMI）

三、语法
III. Grammar

（1）"临时"的用法：adj. temporary, casual.
例1：临时总统。a temporary president.
例2：他正在临时准备考试。
He was boning up for an examination.

（2）"在……下"的用法：既可以表示事物之间的空间关系，又可以表示条件、原因及时间等关系，under.

① 表示具体意义的"在……下"。

例：你的提包在床底下。

Your bag is under the bed.

② 表示抽象意义的"在……下"。

例：我在他的领导下工作。

I worked under him.

四、练习
IV. Exercises

（一）词语练习

i. Vocabulary

列车运行控制系统　　列控中心系统　　地面电子单元　　应答器　　车载安全计算机　　司法记录单元　　轨道电路信息接收单元　　应答器信息接收模块　　人机界面

（二）复述课文

ii. Fill in the Blanks of the Text

① 列车运行控制系统是一种可以根据列车在铁路线路上运行的客观条件和实际情况，对列车运行速度及制动方式等状态进行_____、_____和_____的技术装备。

② CTCS-2 级列控系统由_____和_____组成。

③ CTCS-2 级列控系统既有线提速和速度是_____的客运专线。

④ 地面设备由临时限速服务器系统（TSRS）、_____、ZPW-2000 轨道电路、地面电子单元（LEU）与_____等组成。

（三）阅读理解

iii. Reading Comprehension

① 列车运行控制系统的作用是什么？

② 中国列车运行控制系统有哪几个等级？

③ 车载设备由哪些部分组成？

④ CTCS-2 级列控系统的基本功能是什么？

五、拓展阅读
V. Further Reading

CTCS-3 级列控系统

CTCS-3 级列控系统是基于 GSM-R 无线通信实现车地信息双向传输，无线闭塞中心（RBC）生成行车许可，轨道电路实现列车占用检查，应答器实现列车定位，并具备 CTCS-2 级功能的列车运行控制系统。CTCS-3 级列控系统在 CTCS-2 级列控系统的基础上，增加地面无线闭塞中心（RBC）构建 CTCS-3 级列控地面系统；车载设备在技术引进的基础上集成客专 CTCS-2 级列车控制模块，实现速度 350 km/h 高速列车的向下兼容，实现了列控系统与 GSM-R 无线通信平台的集成。

CTCS-3 级列控系统包括地面设备和车载设备。地面设备由移动闭塞中心（RBC）、列控中心（TCC）、ZPW-2000（UM）系列轨道电路、应答器（含 LEU）、GSM-R 通信接口设备等组成；车载设备由车载安全计算机（VC）、GSM-R 无线通信单元（RTU）、轨道电路信息接收单元（TCR）、应答器信息接收模块（BTM）、记录单元（JRU/DRU）、人机界面（DMI）、列车接口单元（TIU）等组成。

地面设备由移动闭塞中心（RBC）根据轨道电路、联锁进路等信息生成行车许可，并通过 GSM-R 无线通信系统将行车许可、线路参数、临时限速传输给 CTCS-3 级车载设备；同时，通过 GSM-R 无线通信系统接收车载设备发送的位置和列车数据等信息。

列控中心（TCC）接收轨道电路的信息，并通过联锁系统传送给 RBC；同时，TCC 具有轨道电路编码、应答器报文存储和调用、站间安全信息传输、临时限速功能，满足后备系统需要。

应答器向车载设备传输定位和等级转换等信息；同时，向车载设备传送线路参数和临时限速等信息，满足后备系统需要。应答器传输的信息与无线传输的信息的相关内容含义保持一致。

车载安全计算机根据地面设备提供的行车许可、线路参数、临时限速等信息和动车组参数，按照目标距离连续速度控制模式生成动态速度曲线，监控列车安全运行。CTCS-3 级列控系统总体结构图如图 6.3.3 所示。

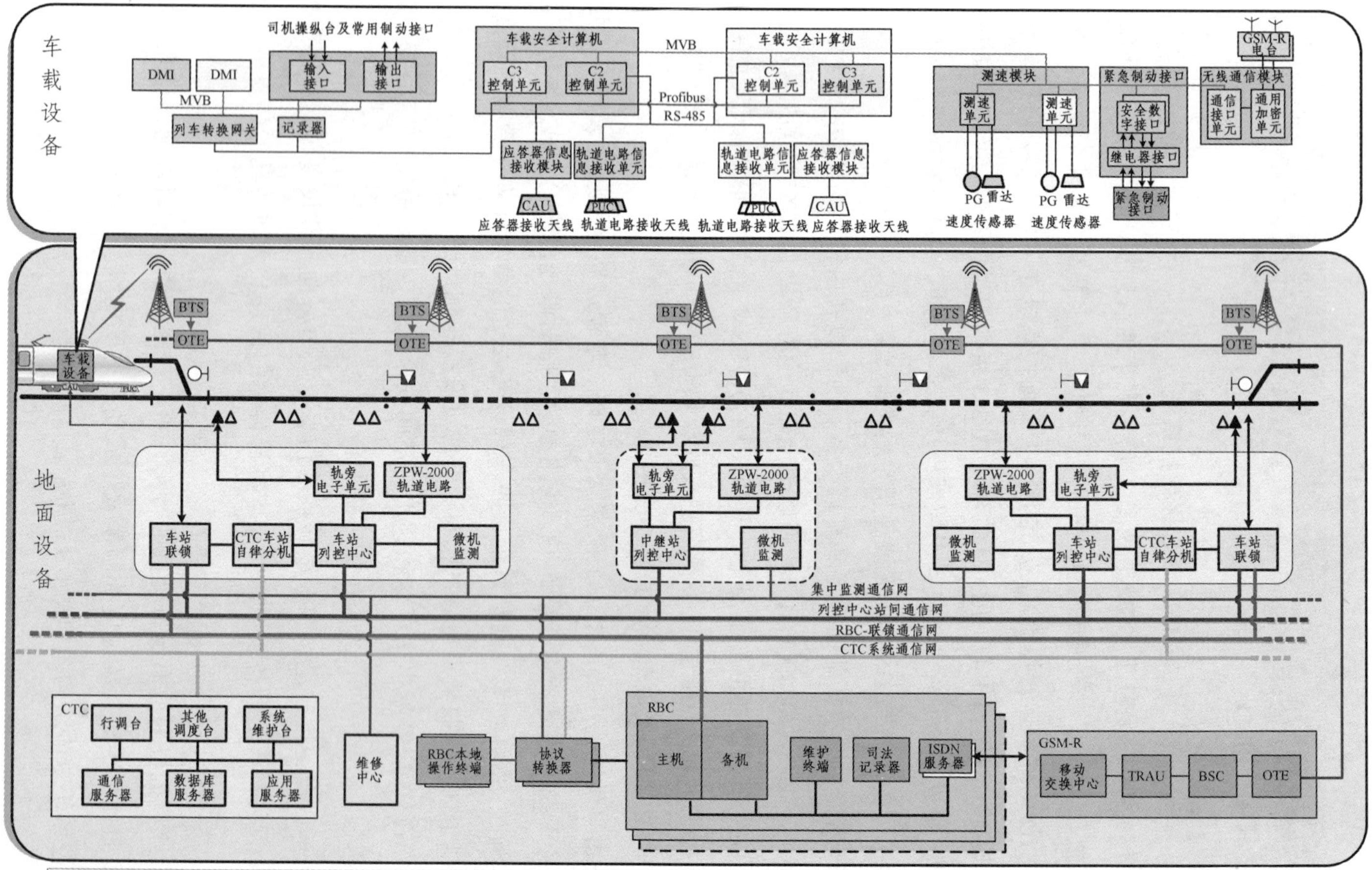

缩写对照表

BSC:基站控制器　BTS:基站　DMI:人机界面

OTE:光传输设备　RBC:无线闭塞中心　TRAU:码型转换和速率适配单元

图例

停车标志牌　△无源应答器　▲有源应答器

图 6.3.3　CTCS-3 级列控系统总体结构

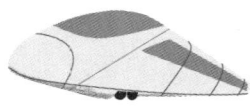

项目七　中国高速铁路通信系统
Chapter 7　Communication System of CRH

第一篇　通信系统的概述
7.1　Introduction to Communication System

一、课文
I. Text

广义的通信，可以是人和人之间、人和机器之间、机器和机器之间的交流，这种交流的本质是通过不同的方式进行语音、文字、图像等各种可感知信息的传递。

狭义的通信，以传输电磁信号的方式进行的通信是电通信，即通常所说的电信号或通信。

（一）通信系统模型

在一个通信过程中，原始信息在发送端被翻译成电信号，电信号经过通信系统的传输，在接收端被还原回原始信息。通信系统基本模型如图7.1.1所示。通信系统是指完成通信任务的技术设备和传输媒介。

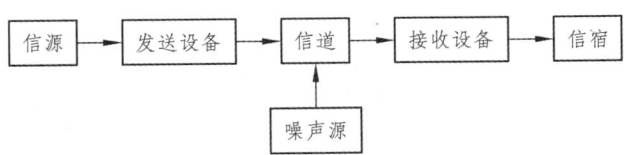

图7.1.1　通信系统基本模型

信源是各种语言、文字、图像、数据信息的发出者，信源可以是人，也可以是机器，如电话机（对讲机）、摄像机、计算机等，如图7.1.2和图7.1.3所示。为了便于传输，由信源设备把原始信息转换成适合发送设备传送的原始电信号。

图 7.1.2　摄像机　　　　　　图 7.1.3　对讲机

发送设备的功能是对信源发出的原始信号完成某种转换，使之适合在信道中传输。

信道是信号传送的通道，信道分为有线信道和无线信道，包括电缆、光缆、无线电波和光波等，如图 7.1.4 和图 7.1.5 所示。

图 7.1.4　光缆　　　　　　图 7.1.5　无线电波

接收设备的功能是把信道中传送的信号变换为基带信号，使之能被信息接收者识别。

信宿是信息的归宿，是信息的接收者，如听筒、显示器等，如图 7.1.6 所示。

图 7.1.6　显示器

噪声源是信道噪声和系统各处噪声的集合。

（二）铁路通信系统

通信系统是指完成通信任务的技术设备和传输媒介。

铁路由于点多线长，支叉节点繁多，由车、机、工、电、辆等多种设备、多项技术、众多人员和业务共同构成一个复杂而庞大的系统，它们之间的联系通过铁路专用通信系统有机地连接起来，经过有效协调、指挥和管理，构成一个完整的、运行高效的系统。

铁路通信系统是一个覆盖全路的、统一的、完整的专用通信网，其主要任务是为

铁路运输生产和经营管理提供话音、数据、图像通信业务服务。它是实现铁路运输的基础性设施，对铁路运输和安全生产管理起着至关重要的作用。随着计算机、互联网及通信技术的不断发展，铁路通信系统由模拟通信技术向数字通信技术方向发展。高速铁路通信系统属于铁路通信系统的范畴，它主要由有线通信和无线通信两部分构成，有线通信部分与传统铁路通信区别不大，差别主要体现在无线通信部分。

二、生词
II. New Words and Expressions

通信	tōng xìn	communication
信源	xìn yuán	information source
光缆	guāng lǎn	optical cable
信道	xìn dào	information channel
信宿	xìn sù	information destination
发送设备	fā sòng shè bèi	sending device
接收设备	jiē shōu shè bèi	receiving device
无线电波	wú xiàn diàn bō	radio waves
铁路通信系统	tiě lù tōng xìn xì tǒng	railway communication system

三、语法
III. Grammar

① "……是……之间……" 的用法：between，among.

例1：这件事情是我与你之间的秘密。

This is a secret between you and me.

例2：语言是人与人之间沟通的桥梁。

Language is a bridge among people for communication.

② "被+V……" 的用法：be regarded as.

例1：这个地方被称为贵州省最美丽的景区。

This place is called the most beautiful scenery in Guizhou Province.

例2：这个学生被看作是班上最优秀的学生。

The student is regarded as the best one in the class.

③ "对……表示……"的用法：show，express。

例1：老师对家长的配合表示感谢。

The teacher expressed gratitude to the parents for their cooperation.

例2：院长对留学生的到来表示欢迎。

The president showed welcome to the international students.

四、练习
IV. Exercises

（一）词语练习

i. Vocabulary

通信　信源　发送设备　信道　接收设备　信宿　噪声源　铁路通信系统

（二）复述课文

ii. Fill in the Blanks of the Text

① 以传输_____的方式进行的通信是电通信。

② 由信源设备把_____转换成适合发送设备传送的_____，这种信号称为基带信号。

③ 噪声源是_____和系统各处噪声的集合。

④ 通信系统是指完成通信任务的_____和_____。

⑤ 高速铁路通信系统主要由_____和_____两部分构成。

（三）阅读理解

iii. Reading Comprehension

① 通信的概念是什么？

② 通信系统由哪些部分组成？

③ 请解释信源的含义。

④ 请解释信宿的含义。

⑤ 信号发送设备的功能是什么？

⑥ 信号接收设备的功能是什么？

五、拓展阅读
V. Further Reading

模拟通信和数字通信

（一）模拟通信

模拟信号是指无论在时间上或是在幅度上的变化都是连续的电信号，比如在电话通信中，用户线上传送的电信号是随着用户声音大小的变化而变化的。在信道上传输模拟信号的通信方式称为"模拟通信"。模拟通信系统基本模型如图 7.1.7 所示。

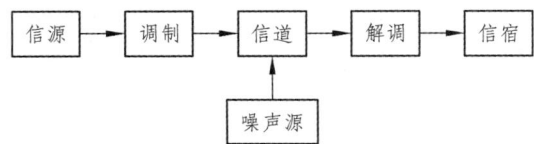

图 7.1.7　模拟通信系统基本模型

将信源输出的基带信号调制到适合信道传输的高频信号上的过程称为调制。

模拟通信的优点是直观、容易实现，缺点是保密性差、抗干扰能力弱。

（二）数字通信

数字信号是一种离散的、以脉冲高低电平（1，0）的组合形式表示信息的信号，如电报信号、计算机输入输出的信号。在信道上传输数字信号的通信方式称为"数字通信"。数字通信系统基本模型如图 7.1.8 所示。

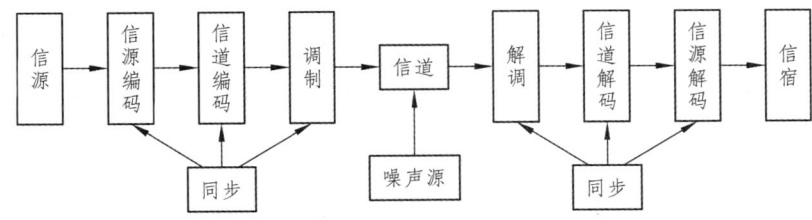

图 7.1.8　数字通信系统基本模型

信源编码的功能是将信源送出的模拟信号数字化并进行数据压缩，用一定的数字脉冲组合来表示信号。这种过程称为脉冲编码调制（PCM），简称为编码。如果信源输出的是数字信号，则无须信源编码。

数字通信的优点是抗干扰、抗噪声能力强；便于加密处理，保密性强；差错可控；便于对信息进行处理、存储、交换；便于集成化，使通信设备微型化。其缺点是数字信号占用的频带宽，对同步要求高，系统设备比较复杂。

第二篇 铁路通信网的组成
7.2 The Composition of Railway Communication Network

一、课文
I. Text

铁路通信是专门为铁路运输生产、经营管理、生活服务等建立的一整套通信系统，是高速铁路通信网的组成部分。铁路通信网主要由四部分组成，即基础承载网、业务网、支撑网、移动通信网。铁路通信网主要组成如图 7.2.1 所示。

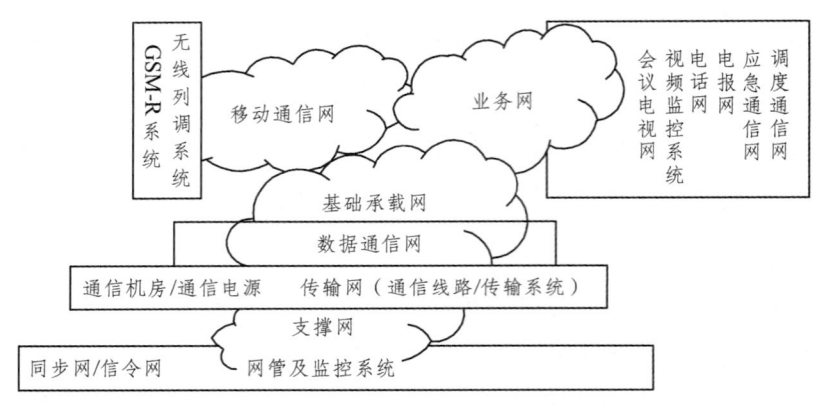

图 7.2.1　铁路通信网组成

（一）基础承载网

基础承载网是铁路通信网的主体，主要指传输网和数据通信网，为所有的铁路通信业务网、移动通信网以及各专业的信息网提供传输信道。

铁路传输网由通信线路和传输系统构成。

数据通信网由骨干层网络和区域层网络组成，以光纤、传输系统作为底层的承接网络，以 IP 技术构建，包括铁路计算机网、客运专线数据通信网和由铁通公司划转铁路的专用数据通信网。

（二）业务网

铁路通信业务可分为语音业务、数字通信业务、图像通信业务和其他业务等几大类。业务网是提供铁路通信业务网络的总称，其中全路组网的通信业务系统主要包括调度通信、自动电话、广播、专用电话、会议电视（电话）、电报、综合视频监控、应

急通信等。

（三）移动通信网

铁路移动通信也称为铁路无线通信，早期是以话音为主的无线对讲电话（现车站内也采用无线对讲电话），包括无线列车调度通信和站场无线通信等。随着技术发展和运输生产指挥、列车运行控制需要，无线通信系统陆续承载了列车无线调度通信、车次校核信息传送、调度命令信息传送、机车同步操控和列车运行控制信号无线传输等业务。随着GSM-R（无线通信网络）网络的建设，我国铁路将逐步形成铁路移动通信网络。

（四）支撑网

支撑网是配合承载网、业务网，与移动通信网正常工作、增强网络功能、保证通信网服务质量的专用网络，主要包括信令网、同步网、网管和监测系统等。

（五）通信电源系统

铁路通信设备用电类型主要有 48 V 直流用电设备和 220 V/380 V 交流用电设备。48 V 直流电源系统包括交流配电设备、整理模块、直流配电设备、蓄电池组和不间断电源（UPS）。高速铁路各车站、信号中继站、区间无线基站、牵引变电所、分区所等信息接入节点的传输接入、GSM-R、数据设备、数字调度通信系统等直流用电设备通常采用 48 V 直流电源供电。

二、生词
II. New Words and Expressions

基础承载网	jī chǔ chéng zài wǎng	basic carrier network
业务网	yè wù wǎng	operation network
支撑网	zhī chēng wǎng	supporting network
移动通信网	yí dòng tōng xìn wǎng	mobile communication network

三、语法
III. Grammar

① "……专门为……+V…" 的用法：specially for …

例：这份礼物是学生专门为感谢老师买的。

The gift is specially prepared for appreciating the teacher by the students.

② "……配合……"的用法：分工合作，cooperate，fit。

例：没有他的配合，我是无法完成这件事的。

It is hard for me to get this done without his cooperation.

四、练习
IV. Exercises

（一）词语练习

i. Vocabulary

  铁路通信网 高速铁路通信网 基础承载网 业务网 支撑网 移动通信网

（二）复述课文

ii. Fill in the Blanks of the Text

  ① 铁路传输网由_____和_____构成。

  ② 全路组网的通信业务系统主要包括_____、自动电话、广播、_____、会议电视（电话）、电报、_____、应急通信等。

  ③ 支撑网主要包括_____、_____、_____和监测系统等。

  ④ 铁路通信设备用电类型主要有____V直流用电设备和____V交流用电设备。

（三）阅读理解

iii. Reading Comprehension

  ① 铁路通信网由哪些组成？

  ② 解释移动通信网？

  ③ 支撑网包括哪些系统？

五、拓展阅读
V. Further Reading

高速铁路通信系统的组成

  高速铁路通信系统主要由传输系统、电话交换和接入系统、数据通信系统、移动通信系统、调度通信系统、会议电视系统、综合视频监控系统、综合网管系统、应急

通信系统、电源、通信线路、电源及机房环境监控系统等构成，如图 7.2.2 所示，同时根据需要配置光纤监测、漏缆监测、铁塔监测等。

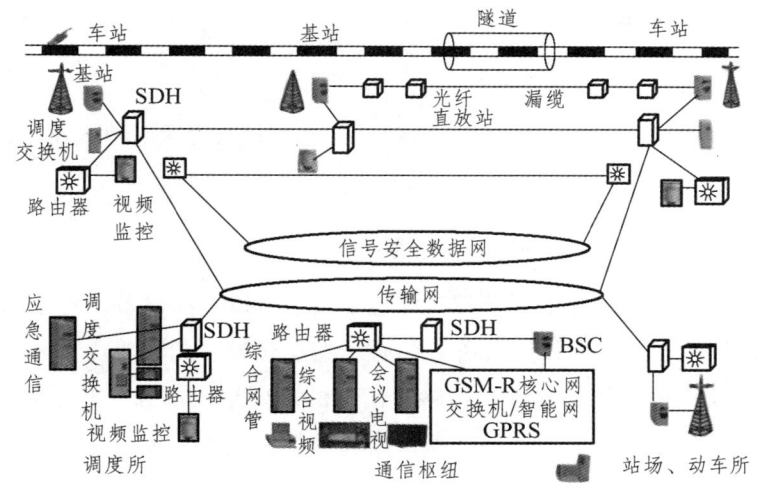

图 7.2.2　高速铁路通信主要系统

（一）传输系统

高速铁路传输系统位于铁路传输网的汇聚（局干）层和接入层。

（二）数据通信系统

高速铁路数据通信系统是铁路数据通信网的组成部分，位于所在铁路局区域网络中，由核心节点、汇聚节点、接入节点组成。

（三）电话交换和接入系统

高速铁路自动电话利用既有电路电话交换网资源。

（四）调度通信系统

高速铁路调度通信系统按照属地化管理要求纳入铁路局调度通信网，设置调度所调度交换机和车站调度交换机。

（五）移动通信系统

高速铁路专用移动通信采用 GSM-R 数字移动通信系统，提供话音通信、数据传输业务。话音通信业务包括列车调度通信、区间和站场移动通信等。

（六）综合视频监控系统

高速铁路综合视频系统在沿线重点部位、车站站房、咽喉区设置摄像机，在调度、维修、公安等部门配置用户监视终端，调看高速铁路环境和作业的视频图像。

（七）时钟及时间同步系统

高速铁路时钟同步信号接引自既有时钟同步网，新建通信枢纽时，同步建设本地大楼时钟分配系统（BITS）。

（八）通信电源

高速铁路通信用直接电源采用48 V高频开关电源；用交流电源采用不间断交流电源（UPS）。

（九）电源及机房环境监控系统

电源及机房环境监控系统主要监控对象包括交、直流电源设备，蓄电池组，空调，机房的温度、湿度、烟感、水浸、红外、门磁告警、灯控、门禁等。

综上所述，高速铁路通信系统是铁路通信网的重要组成部分，其容量、功能、装备水平高于普速铁路，其技术制式与普速铁路通信系统基本一致。

第三篇　GSM-R 系统
7.3　GSM-R System

一、课文
I. Text

　　GSM-R 是专门针对铁路对移动通信的需求而推出的专用系统。目前我国使用 GSM-R 系统的铁路有数十条，最开始作为试验线的是：有"世界屋脊"之称的青藏铁路；以运输煤矿业务为主的大秦线；具有中国特定城镇环境的胶济线。随着试验线路的正常运行，我国铁路正在高速发展，越来越多的线路将采用 GSM-R 系统控制。

（一）GSM-R 系统的组成

　　GSM-R 系统主要包括无线子系统（BSS）、移动交换子系统（SSS）、通用分组无线业务子系统（GPRS）、移动智能网子系统（IN）、运营与支撑子系统（OSS）。系统结构如图 7.3.1 所示。

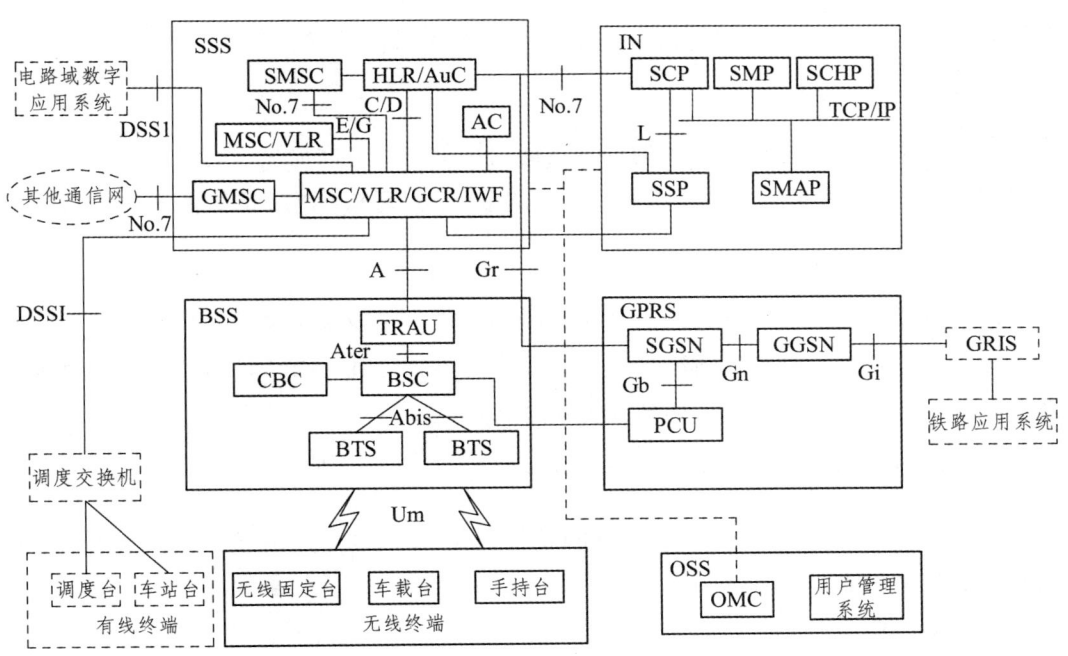

图 7.3.1　GSM-R 系统结构

　　无线子系统（BSS）是有线与无线的接口。

移动交换子系统(SSS)主要完成用户的业务交换功能以及用户数据管理、移动性管理、安全性管理等功能。

通用无线分组业务子系统(GPRS)为用户提供分组数据承载业务,与GSM-R系统共用频率资源;利用GSMR系统的基站实现无线覆盖,无须单独增加GPRS系统基站。

智能网子系统(IN)是在交换子系统中引用的智能网实体,将网络交换功能和业务控制功能相分离,实现对呼叫的智能控制,提供铁路相关特色业务的支持。

运营与支撑子系统(OSS)包括网络设备维护管理系统和用户管理系统。

(二)GSM-R系统的应用

1. 调度通信

调度通信系统业务包括列车调度通信、货运调度通信、牵引变电调度通信、其他调度及专用通信、站场通信、应急通信、施工养护通信和道口通信等。利用GSM-R进行调度通信系统组网,既可以完全利用无线方式,也可以同有线方式结合起来,共同完成调度通信任务。

2. 车次号传输与列车停稳信息的传送

GSM-R车次号传输与列车停稳信息对铁路运输管理和行车安全具有重要的意义,它可通过基于GSM-R电路交换技术的数据采集传输应用系统来实现数据传输。

3. 调度命令传送

铁路的调度命令是调度所里的调度员向司机下达的书面命令,它是列车行车安全的重要保障。调度员通过向列车司机发出调度命令,对行车、调度和事故进行指挥控制。

4. 列车尾部装置信息传送

利用GSM-R网络的电路交换的数据通信功能,可以解决尾部风压数据的传输问题,尾部风压数据通过传输通道输入GSM-R,利用GSM-R强大的网络功能,克服了原有的抗干扰性差、信息无法共享等各种缺点。

5. 调车机车信号和监控信息传输系统

调车机车信号和监控信息传输系统利用GSM-R网络,完成地面设备和多台车载设备间的数据传输。

6. CTCS-3级/CTCS-4级列控系统

CTCS-3级系统是一个基于轨道电路和无线通信系统(GSM-R)的列车运行控制系统。CTCS-4级系统是一个完全基于无线通信(GSM-R)的列车运行控制系统,该系统

具有移动自动闭塞的特征，采用 GSM-R 实现车-地间双向无线数据传输。

7. 区间移动公务通信

在区间作业的水电、工务、信号、通信、供电、桥梁守护等部门内部的通信，均可以使用 GSM-R 作业手持台，作业人员在需要时可与车站值班员、各部门调度员或自动电话用户联系。

8. 应急指挥通信话音和数据业务

基于 GSM-R 移动通信的应急通信系统话音业务包括铁路紧急呼叫和优先级业务，用于通知司机、调度员和其他处于危险级别的相关人员，要求停止在预先指定地区内的所有活动。紧急情况下，作业人员还可以呼叫司机，与司机建立通话联络。

9. 旅客列车移动信息服务通道

旅客列车移动信息服务可包括移动售票和旅客列车移动互联网等服务。通过 GSM-R 系统中的车-地数据传输系统，在列车上乘客可以通过售票终端完成客票查询、订票、购票或补票业务，再通过车-地数据传输系统将客票信息实时传送到地面上的票务中心，以及时更新客票信息。

二、生词

II. New Words and Expressions

移动通信网（GSM）　　　　yí dòng tōng xìn wǎng
　　　　　　　　　　　　　global system for mobile communications（GSM）
运营与支撑子系统（OSS）　yùn yíng yǔ zhī chēng zǐ xì tǒng
　　　　　　　　　　　　　operation and supporting subsystem（OSS）
铁路移动通信网（GSM-R）　tiě lù yí dòng tōng xìn wǎng　　GSM-R
通用无线分组业务子系统（GPRS）tōng yòng wú xiàn fēn zǔ yè wù zǐ xì tǒng
　　　　　　　　　　　　　general wireless packet service subsystem（GPRS）
无线子系统（BSS）　　　　wú xiàn zǐ xì tǒng　　wireless subsystem（BSS）
移动交换子系统（SSS）　　yí dòng jiāo huàn zǐ xì tǒng
　　　　　　　　　　　　　mobile switching sub-system（SSS）
调度通信　　diào dù tōng xìn　　　　dispatching communication
车次号传输　chē cì hào chuán shū　　train number transmission

列车停稳信息的传送	liè chē tíng wěn xìn xī de chuán sòng
	train stop signal transmission
列车尾部装置信息传送	liè chē wěi bù zhuāng zhì xìn xī chuán sòng
	train rear device signal transmission
区间移动公务通信	qū jiān yí dòng gōng wù tōng xìn
	interval moving service communication
旅客列车移动信息服务通道	lǚ kè liè chē yí dòng xìn xī fú wù tōng dào
	passenger train moving information service channel

三、语法
III. Grammar

"……针对……+V" 的用法：aim at，make fit.

例 1：这个产品是针对客户的需求而研发的。

This product is created to meet the requirement of customers.

例 2：这个方案是针对学生的特殊情况而制定的。

The plan is tailored to the specific circumstance of students.

四、练习
IV. Exercises

（一）词语练习
i. Vocabulary

铁路移动通信网　　无线子系统　　移动交换子系统　　通用分组无线业务子系统
移动智能网子系统　　运营与支撑子系统　　调度通信　　车次号传输
列车停稳信息的传送　　列车尾部装置信息传送　　区间移动公务通信
旅客列车移动信息服务通道

（二）复述课文
ii. Fill in the Blanks of the Text

① 移动交换子系统主要完成用户的业务交换功能以及_____、_____、安全性管理等功能。

② 运营与支撑子系统包括_____和用户管理系统。

③ GSM-R 车次号传输与列车停稳信息对铁路_____和_____具有重要的意义。

④ 铁路的调度命令是调度所里的_____下达的书面命令。

⑤ CTCS-3 级系统是一个基于_____和_____的列车运行控制系统。

⑥ CTCS-4 级系统是一个完全基于_____的列车运行控制系统。

（三）阅读理解

iii. Reading Comprehension

① GSM-R 系统由哪些部分组成？

② 为什么要建设 GSM-R？

③ 旅客列车移动信息服务包括哪些？

④ GSM-R 系统在高速铁路中有哪些应用？

五、拓展阅读

V. Further Reading

GSM-R 的基本原理

GSM-R 基于 GSM 技术为铁路提供车地双向通信通路。

（一）无线覆盖

无线覆盖包括面状覆盖和线状覆盖。当服务区是一个宽广平面时的覆盖，称为面状覆盖。而当服务区是一个条状分布时的覆盖，称为线状覆盖或链状覆盖。GSMR 主要采用线状覆盖的方式。下面主要介绍线状覆盖。

1. 频率的分配

在线状覆盖中，一般采用圆形小区来进行分析和设计，如图 7.3.2 所示。分布的覆盖区域按照 n 个小区为一组的间隔可以进行频率复用，n 的取值要考虑频率利用率、同频干扰和建网成本，一般取 2、3、4。

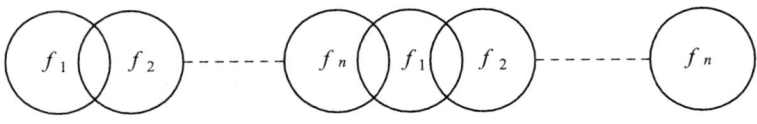

图 7.3.2 线状覆盖的频率复用

2. 重叠区的确定

在铁路覆盖中，移动台往往处于高速移动状态，信号的场强变化复杂，很难确定相邻小区的覆盖边界，通常从场强的平均变化上来理解覆盖区域。为了保证在覆盖区域尽可能不出现弱场区，要保证相邻小区间有一定的重叠范围。确定重叠区的大小是一个很复杂的问题，如果重叠区太小，可能会出现弱场区；重叠区太大，会增大同频干扰；越区切换时间太长，不易控制；因此要恰当设计重叠区域的大小。

（二）无线信道

铁路移动通信除了具有一般的陆地移动通信的特点，如因为移动台的移动性导致基站与移动台的传播路径不断变化，移动台接收的信号电平随时间和位置的不断变化及严重的干扰外，基于铁路无线移动通信特殊的用途，它还具有一些自己的特点。

（三）传输和信息处理技术

无线信道具有显著的时变特性，信号会受到阴影衰落、多径衰落及各种干扰的影响，如果不采取措施，误码率会十分高。为了解决无线信道传输带来的问题，需要经过一系列的处理。这些处理包括信源编码与译码、信道编码与译码、交织与去交织、加密与解密、调制与解调分集、均衡等。无线信号传输框图如图 7.3.3 所示。

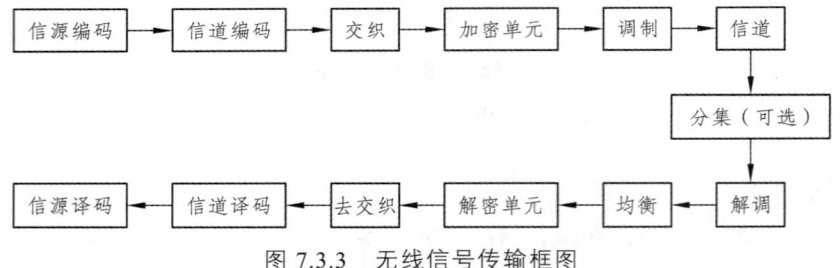

图 7.3.3　无线信号传输框图

项目八　中国高速铁路运输组织
Chapter 8　Transportation Organization of CRH

第一篇　庞大的高速铁路网，实现集中指挥与管理
8.1 Centralized High-speed Command and Management in Huge High-speed Railway Network

一、课文
I. Text

我国高速铁路通过网络化管理，已经实现了远程调度集中指挥。新型调度集中系统综合了计算机、网络通信、数据库、软件工程和系统信息安全防范等技术，是一种高度自动化调度指挥系统和新型的行车指挥和信号控制设备。

调度集中设备对管辖范围内的列车进行直接指挥和管理，具备远程或本地列车进路及调车进路控制、列车自动报点、运行图编制、运行图自动调整和临时限速设置等行车指挥功能，满足行车运营秩序、运行正点的要求。调度员从铁路局调度所下达行车指挥命令，经车站联锁系统、列控系统共同完成进路的设定，实现列车运行安全防护和集中指挥。同时，应用调度集中系统，指挥和协调线路、牵引供电、高速动车组、通信信号、旅客服务等各个专业部门严格执行运输计划；另一方面可以通过它不断地实时收集调度指挥所需要的各种信息，监视高速动车组列车运营情况，及时调整和修正运输计划。其具有以下特点：

1. 高计划性、行车集中控制

为了在有效处理风险的基础上，提高运营效率，有效利用运力资源，高速铁路全线行车实行相对集中的管理方式，凡与行车有关的设备设施（高速列车、供电、通信

信号、固定设备维修等）的运用，旅客运输等均由综合调度中心统一调度，以确保旅客舒适、列车安全、正点运行。

2. 高安全性

高速铁路列车运行速度高，一旦发生行车事故，都将是毁灭性的，因而对安全的要求特别严格。高速铁路对恶劣的自然环境因素和意外的灾情（火灾等）设计了报警设施，行车指挥应具有相协调的功能。

3. 高密度性

高速铁路列车运行密度大，传统的车站对列车的人工控制方式不能满足高速铁路高密度行车的要求，高速铁路行车控制必须采用调度中心对列车移动体的集中自动控制方式，列车运行控制的自动化和现代化程度要求越来越高。

4. 高正点率

高速铁路的旅客不但要求缩短旅行时间，还注重有效利用时间，因而保证高速铁路列车运行正点率是非常突出的问题。

5. 旅客服务的人性化

高速铁路的主要服务对象是旅客，满足旅客的不同需求，为旅客提供快速、方便、及时、全面的信息服务是高速铁路的首要任务，也是其吸引客流、树立良好的企业形象、增强自身竞争力的有力手段。

6. 维修综合化

高速铁路高密度行车的特点要求高速铁路的线路、牵引供电、通信信号等固定设备与设施的养护与维修作业集中统一管理，并在同一天窗时间内进行综合维修。

高速铁路"高安全、高速度、高密度、高正点率、高计划性、旅客服务人性化、维修综合化"的特点是高速铁路运输调度指挥系统重点考虑的问题，是高速铁路铁路调度指挥的前提与核心。

二、生词
II. New Words and Expressions

| 调度 | diào dù | dispatch |
| 集中 | jí zhōng | centralized |

指挥	zhǐ huī	command
行车	xíng chē	train working
控制	kòng zhì	control
进路	jìn lù	train route
调车	diào chē	shunting
运行图	yùn xíng tú	train working diagram
联锁	lián suǒ	interlock
列控	liè kòng	train control
正点率	zhèng diǎn lǜ	on-time rate
养护	yǎng hù	maintenance
天窗	tiān chuāng	skylight（here means maintenance time）

三、语法
III. Grammar

"凡"的用法：

副词，凡是，any, all, every；凡要, all who wish, every time you wish；凡有, whenever there is.

例1：在中国，凡年满18岁的公民，都有选举权和被选举权（依照法律被剥夺政治权利的人除外）。

In China, every citizen who has reached the age of eighteen has the right to vote and stand for election (except those deprived of political rights by law).

例2：凡属我国文化遗产中有用的东西，都应当批判地继承。

All of our cultural heritage which is useful should be inherited, but in a critical way.

四、练习
IV. Exercises

（一）词语练习
i. Vocabulary

调度　集中　指挥　行车　控制　进路　调车　运行图　联锁　列控
正点率　养护　天窗

（二）复述课文
ii. Fill in the Blanks of the Text

① 我国高速铁路通过_____，已经实现了远程调度集中指挥。

② 调度员从铁路局调度所下达行车指挥命令，经车站_____、_____共同完成进路的设定，实现列车运行安全防护和集中指挥。

③ 凡与行车有关的设备设施（高速列车、供电、通信信号、固定设备维修等）的运用，旅客运输等均由_____，以确保旅客_____、_____、_____。

④ 高速铁路列车运行_____，一旦发生行车事故都将是_____的，因而对安全的要求特别严格。

⑤ 高速铁路行车控制必须采用_____对列车移动体的集中自动控制方式，列车运行控制的_____和_____程度要求越来越高。

⑥ 高速铁路的旅客不但要求_____，还注重_____，因而保证高速铁路列车运行正点率是非常突出的问题。

⑦ 高速铁路的主要服务对象是_____，满足旅客的不同需求，为旅客提供_____、_____，_____、_____是高速铁路的首要任务，也是其吸引客流、树立良好的企业形象、增强自身竞争力的有力手段。

⑧ 高速铁路"_____"的特点是高速铁路运输调度指挥系统重点考虑的问题，是高速铁路铁路调度指挥的前提与核心。

（三）阅读理解
iii. Reading Comprehension

① 新型调度集中系统的含义是什么？

② 调度集中设备的功能是什么？

③ 调度集中系统的特点是什么？

五、拓展阅读
V. Further Reading

高速铁路调度指挥系统

高速铁路调度指挥系统是高速铁路运营管理和列车运行控制的中枢，是高速铁路高新技术的集中体现；是高速铁路运营管理现代化、自动化、安全高效的标志；是提

供乘客便捷、优质服务的窗口；对统一指挥列车运行和协调铁路运输各部门的工作作用重大。

高速铁路调度指挥系统由计划编制子系统、运行管理子系统、动车组管理子系统、供电管理子系统、旅客服务子系统、综合维修子系统、安全监控子系统组成，遵循以准确的运输计划为核心，实现基本计划、实施计划和运行实绩的统一管理，通过自动控制方式及时准确地实施调度员的指挥意图，满足高速、高密度运行的需求，如图 8.1.1 所示。

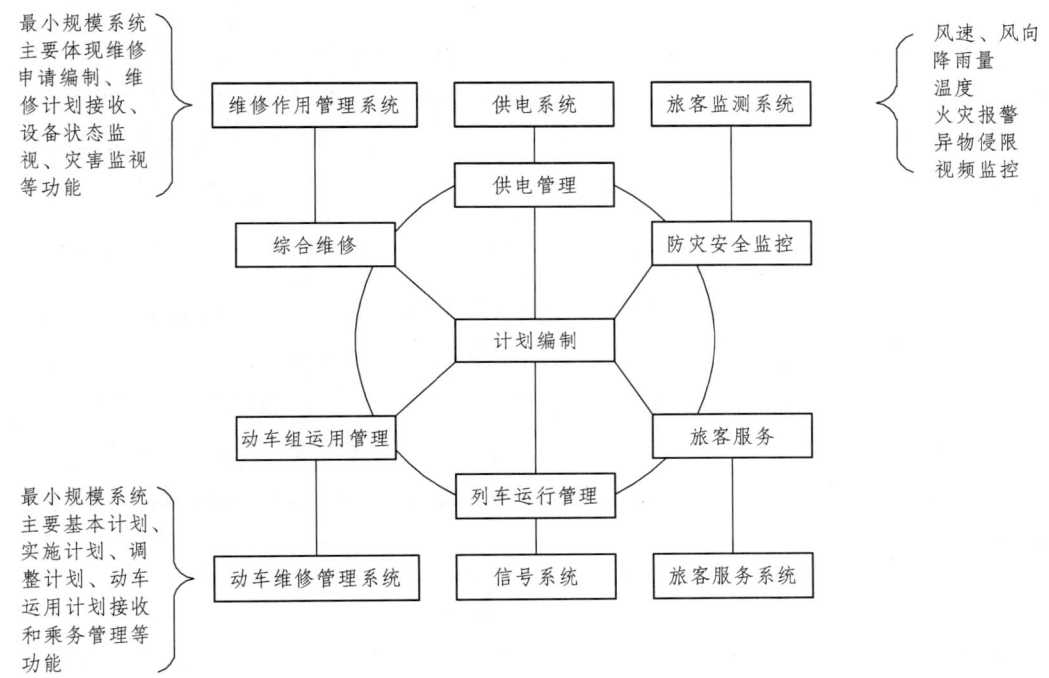

图 8.1.1　高速铁路调度指挥系统构成

一般情况下，高速铁路调度指挥组织由高速铁路调度指挥中心对所管辖高速铁路全线进行集中领导和统一指挥，凡与运输生产有关的部门和工作，都必须在运输调度的统一指挥下进行工作。

第二篇　高速铁路列车开行方案
8.2　High-speed Train Operation Plan

一、课文

I. Text

列车开行方案编制总的目标是以铁路旅客运输市场为背景，在相关条件允许的情况下经济、合理、充分地使用客运机车车辆和各种客运技术设备，最大限度地满足旅客出行的需求，同时，提高运输质量，更多地吸引、诱发客流以及扩大铁路市场份额。其编制原则如下：

1. 方便旅客出行的原则

理想的开行方案必须能为旅客提供方便的乘车条件，缩短旅行的时间，符合其出行规律。对于旅客客流量较大的主要客运始发终到站间，旅客对旅行时间较为敏感，故以提高旅行速度为目的，开行部分沿途不停车或只停 1~2 站的高速列车，尽可能满足两点间直达客流的需要。对于城际列车，旅客对服务领域较为敏感，宜采用"公交化"开行方式；为满足相邻车站间旅客乘车的需要，可开行部分沿线车站交错停车的列车或沿途各站均停车的高速列车。

2. 缩短旅客旅行时间的原则

高速度是高速铁路的主要标志，是缩短旅行时间的主要因素。旅客更关心的是总体旅行速度，而不是列车运行的最高速度。在编制高速列车开行方案时，要处理好旅行速度和为旅客提供必要乘降频率之间的关系，在方便旅客乘降的基础上，旅行速度越高越好。

3. 合理编组原则

利用动车组可重联、分解的特点，提高运输效率。对于城际铁路客流对服务频率较为敏感的需求，应开行小编组、高密度列车；对于通道型高速铁路，应减少列车密度，开行大编组重联列车，以满足客运需求。

4. 尽量减少旅客换乘原则

在旅客意识中，换乘不仅增加旅行时间，也带来了极大的不方便，并且能否方便接续换乘也是旅客考虑的主要因素之一。所以高速铁路应尽量开行直达列车，以减少

旅客换乘次数，缩短旅行时间。

5. 不同速度等级列车共线运行的原则

中国高速铁路中长期规划的"四纵四横"主要由速度 300～350 km/h、200～250 km/h 铁路线路组成，不同速度等级线路上又采用不同速度等级的列车共线运行的运输组织模式，不仅能够满足不同层次客流的需求，丰富客运产品，还能最大限度地开行直达列车，减少旅客换乘。

6. 列车开行方案与商业经营方案相结合的原则

列车开行方案决定列车开行的种类、频率和密度，是制定商业经营方案的支撑；商业经营方案是铁路运输的附加产品，两者相结合，比如设计开行旅游列车、商务高档列车，为铁路运输带来额外收益的同时，也增加了铁路运输的附加值。

二、生词
II. New Words and Expressions

机车	jī chē	locomotive
车辆	chē liàng	rolling stock
客流	kè liú	passenger flow
乘降	chéng jiàng	board and land
区间	qū jiān	interval
始发	shǐ fā	departure
终到	zhōng dào	arrival
直达	zhí dá	nonstop
换乘	huàn chéng	transfer

三、语法
III. Grammar

"以……为背景"的用法：对人物、事件起作用的历史条件或现实环境，background, in the setting of ...

例 1：他以那座山为背景给我拍了一张相片。

He took a picture of me with that mountain in the background.

例2：这个作家以第二次世界大战为背景写了一本小说。
This writer wrote a novel in the setting of World War II.

四、练习
IV. Exercises

（一）词语练习
i. Vocabulary

机车　车辆　客流　乘降　区间　始发　终到　直达　换乘

（二）复述课文
ii. Fill in the Blanks of the Text

① 理想的开行方案必须能为旅客提供方便的_____、_____、_____。

② 对于城际列车，旅客对服务领域较为敏感，宜采用"_____"开行方式。

③ _____是高速铁路的主要标志，是缩短旅行时间的主要因素。旅客更关心的是_____，而不是_____。

④ 利用动车组_____、_____的特点，提高_____。对于城际铁路客流对服务频率较为敏感的需求，应开行_____、_____列车；对于通道型高速铁路，应减少列车密度，开行大编组重联列车，以满足客运需求。

⑤ 高速铁路应尽量开行_____，以减少旅客换乘次数，缩短旅行时间。

⑥ 中国高速铁路中长期规划的"_____"主要由速度300～350 km/h、200～250 km/h 铁路线路组成，不同速度等级线路上又采用不同速度等级的列车共线运行的运输组织模式，不仅能够满足不同层次客流的需求，丰富客运产品，还能最大限度地开行_____，减少_____。

⑦ 列车开行方案决定列车开行的_____、_____，是制定商业经营方案的支撑；商业经营方案是铁路运输的附加产品，两者相结合，比如设计开行旅游列车、商务高档列车，为铁路运输带来额外收益的同时，也增加了铁路运输的_____。

（三）阅读理解
iii. Reading Comprehension

① 列车开行方案编制总的目标是什么？
② 列车开行方案编制的原则是什么？

五、拓展阅读
V. Further Reading

高速铁路列车运行图

高速铁路列车运行图是铁路运输企业实现高速列车安全、正点运行和经济有效地组织铁路运输工作的列车运行生产计划，是用以表示列车在高速铁路区间运行及在车站到发或通过时刻的技术文件，它规定各车次列车占用高速铁路区间的程序、列车在每个车站的到达和出发（或通过）时刻、列车在高速铁路区间的运行时间、列车在车站的停站时间等，它是高速铁路运输工作的综合计划和行车组织工作的基础（见图8.2.1）。高速铁路的运输生产活动通过高速铁路列车运行图联成一个统一的整体，各部门要严格按照规定的程序进行工作。

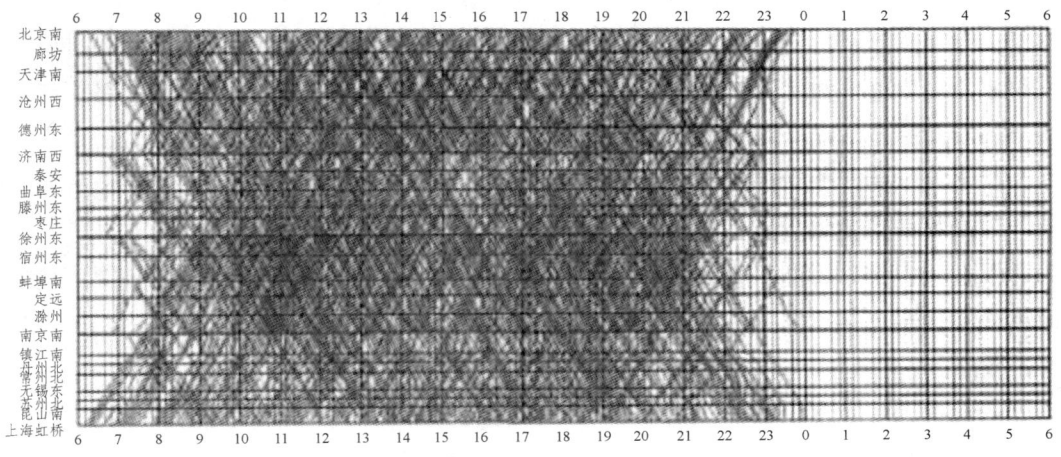

图 8.2.1 京沪高铁列车运行图

此外，高速铁路列车运行图又是高速铁路运输企业向社会提供运输供应能力和承诺运输服务质量的一种有效形式。从这个意义上讲，供社会使用的高速铁路旅客列车时刻表，实际上就是高速铁路运输服务供给能力目录。因此，高速铁路列车运行图又是高速铁路组织运输生产和产品供应销售的综合计划。

目前，我国高速铁路列车运行图按需调配，可以分为日常运行图、周末运行图和节假日运行图（高峰日运行图）。日常运行图为周一到周四高速铁路列车运行执行的运行图；周末运行图为周五、周六及周日高速列车运行执行的运行图；节假日运行图为春运、暑运、黄金周、小长假等运输期间高速铁路列车运行执行的运行图。在日常和周末如果遇到有突发客流，铁路局可申请增开节假日运行图中未开行的高铁列车，编制旅游旺季、特殊社会活动等分号运行图等，以满足不同情况的需要。

第三篇　中国高铁为您服务
8.3 Service of CRH

一、课文

I. Text

中国高铁采用先进的信息技术，向乘坐高铁的旅客提供便捷、高效、舒适的人性化服务。为方便旅客购票，中国铁路有铁路客票系统，在铁路客票系统的支持下，旅客除了可以在铁路车站的人工售票窗口、旅客自助购票机和火车票代售处购买铁路车票外，还可以利用中国铁路客户服务中心网站（http://www.12306.cn，以下简称"12306网站"）和电话等现代通信手段购（订）票，并且旅客可以选择现金、银行卡以及网银、支付宝、微信等多种方式购买车票，极大地方便了旅客购票，大幅度节省旅客买票的交通成本和排队时间。

网上订购到车票的旅客，可凭订票时所使用的本人有效身份证件和订单号码到车站的售票窗口、自动取票机以及火车票代售处换取纸质车票，然后检票进站乘车，在装有可自动识别二代居民身份证的自动检票机的车站，旅客也可以直接持订票所使用的本人二代居民身份证原件作为乘车凭证，无须再换纸质车票，直接办理进、出站检票手续。

安装在车站、车上的引导信息显示和广播系统及时发布高铁客运信息，为旅客购票、补票、候车、检票、乘车、到站下车以及餐饮和休闲娱乐提供音视频信息服务。

高铁车站和高速列车的内部设计时尚、宽敞明亮；信息服务、餐饮服务、行李存放服务、无障碍服务等功能设施齐全且各功能区布置合理，为旅客提供方便。

高铁车站与其他公共交通工具的接驳按照"近距离换乘"的设计理念考虑，最大限度地减少旅客换乘的行走距离。

同时，中国铁路客户服务中心网站"www.12306.cn"作为铁路唯一的互联网售票网络，不仅为旅客提供网上订票、售票、支付等服务，同时实现语音接入功能，支持投诉受理、客户关系管理与质量评价等服务。

高速铁路客运服务系统构成如图 8.3.1 所示。

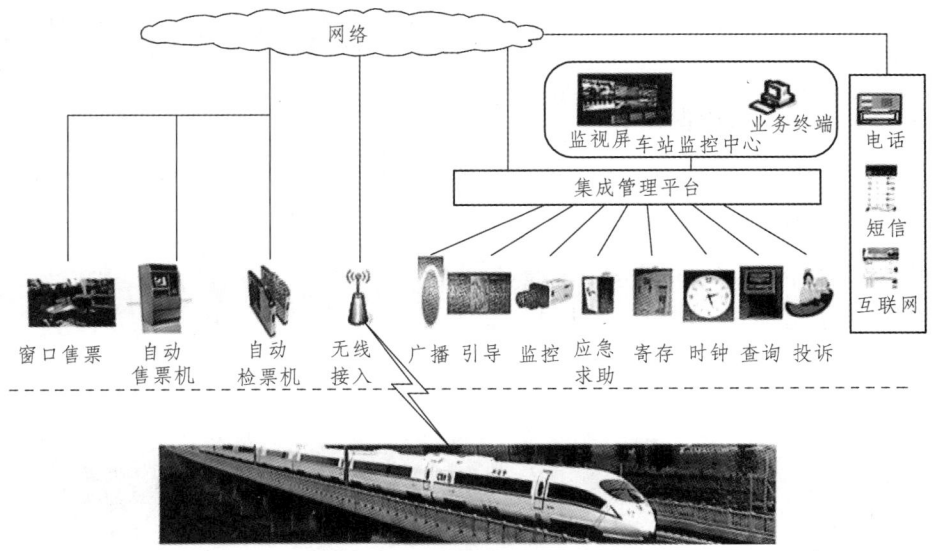

图 8.3.1　高速铁路客运服务系统

二、生词
II. New Words and Expressions

售票	shòu piào	ticket selling
检票	jiǎn piào	ticket checking
补票	bǔ piào	compensation fare
票务	piào wù	ticket business
人工	rén gōng	manual（ticketing）
自助	zì zhù	self-service
购票机	gòu piào jī	ticket machine
火车票	huǒ chē piào	train ticket
代售点	dài shòu diǎn	railway ticket agency
车票	chē piào	ticket
订单	dìng dān	order for tickets
自动取票机	zì dòng qǔ piào jī	self-service machine
纸质	zhǐ zhì	paper
进站	jìn zhàn	entrance
订票	dìng piào	ticket booking
支付	zhī fù	payment

三、语法
III. Grammar

"除了……还……"的用法：表示所说的不计算在内，除开，except or besides.

例1：除了篮球你还喜欢什么运动？

What other sports do you like besides basketball?

例2：除了星期日，我们每天都上班。

We work every day except Sunday.

四、练习
IV. Exercises

（一）词语练习

i. Vocabulary

售票　检票　补票　票务　人工　自助　购票机　火车票　代售点
车票　订单　自动取票机　纸质　进站　订票　支付

（二）复述课文

ii. Fill in the Blanks of the Text

① 中国高铁采用先进的信息技术，向乘坐高铁的旅客提供_____的人性化服务。

② 在铁路客票系统的支持下，旅客除了可以在铁路车站的人工售票窗口、旅客自助购票机和火车票代售处购买铁路车票外，还可以利用_____（http://www.12306.cn，以下简称"12306网站"）和_____等现代通信手段购（订）票。

③ 网上订购到车票的旅客，可凭订票时所使用的本人_____到车站的售票窗口、自动取票机以及火车票代售处换取纸质车票，然后检票进站乘车，在装有可自动识别二代居民身份证的自动检票机的车站，旅客也可以直接持订票所使用的本人二代居民身份证原件作为乘车凭证，无须再换_____，直接办理进、出站检票手续。

④ 高铁车站和高速列车的内部_____、_____；_____、_____、

_____、无障碍服务等功能设施齐全且各功能区布置合理，为旅客提供方便。

⑤ 高铁车站与其他公共交通工具的接驳按照"_____"的设计理念考虑，最大限度地减少旅客换乘的行走距离。

⑥ 中国铁路客户服务中心网站"www.12306.cn"作为铁路唯一的互联网售票网络，不仅为旅客提供_____、_____、_____等服务，同时实现语音接入功能，支持投诉受理、客户关系管理与质量评价等服务。

（三）阅读理解
iii. Reading Comprehension

① 旅客购票方式有哪几种？
② 旅客购票支付方式有哪几种？
③ 安装在车站、车上的引导信息显示和广播系统的作用是什么？

五、拓展阅读
V. Further Reading

为了保证安全，旅客在乘坐高铁时应该注意什么？

（1）携带或托运的物品中禁止夹带易燃、易爆、腐蚀、毒害、放射物等危险品和管制刀具。

（2）车站将于开车前停止检票，请关注车站公告的停止检票时间，并于停检时间前检票进站，候车时请在站台安全线以内排队等候。

（3）上下车时请排队、先下后上、不要拥挤。禁止攀爬车顶、跳下站台、进入轨道等，注意列车与站台边缘之间的空隙，禁止随未停稳的列车行走、奔跑。

（4）乘车时，请勿挤、靠车门，不要随意扳动或按动列车上的紧急制动手柄、紧急开门装置等安全设备。

（5）禁止在列车任何部位吸烟。

（6）列车到站时间短，请勿在站台上长时间停留，防止漏乘。

（7）妥善保管随身携带的行李物品。行李架上的物品摆放平稳、整齐，较大、较重物品，玻璃制品，铁质物品，锐器等请放在大件行李存放处或座位、铺位下方。

（8）发生危及列车、旅客安全的情况时，应听从列车工作人员指挥，保持良好的秩序，不要急于拿行李。要帮助老、幼、病、残、孕等需要帮助的旅客。发现险情时，

请及时通知列车工作人员。

（9）必须紧急撤离车厢时，动车组列车可按下或拉下车厢两端门上方的紧急停车按钮或把手；在列车停稳后，使用破窗锤击打车厢玻璃逃生。

参考文献

[1] 杨中平. 漫话高速列车[M]. 2 版. 北京：中国铁道出版社，2013.

[2] 卢春房. 中国高速铁路[M]. 北京：中国铁道出版社，2015.

[3] 中国铁路总公司. 高速铁路行车组织基础[M]. 北京：中国铁道出版社，2014.

[4] 李学伟. 高速铁路概论[M]. 北京：中国铁道出版社，2016.

[5] 倪文波，王雪梅. 高速列车网络与控制技术[M]. 成都：西南交通大学出版社，2018.

[6] 商跃进. 动车组车辆构造与设计[M]. 成都：西南交通大学出版社，2017.

[7] 韩宝明. 高速铁路概论[M]. 北京：北京交通大学出版社，2017.

[8] 中国铁路总公司. 高速铁路通信概论[M]. 北京：中国铁道出版社，2014.

[9] 中国铁路总公司. 高速铁路信号系统[M]. 北京：中国铁道出版社，2014.

[10] 刘建国. 高速铁路概论[M]. 北京：中国铁道出版社，2009.

[11] 周平. 铁道概论[M]. 北京：中国铁道出版社，2012.

[12] 裴瑞江. 铁路客运设备设施[M]. 北京：中国铁道出版社，2015.